# Duden

SMS Schnell-Merk-System

# Physik

## 5. bis 10. Klasse

Dudenverlag
Berlin

# Inhaltsverzeichnis


## 1. Mechanik 4

Größen in der Mechanik **4** · Eigenschaften von Körpern **5** · Masse, Volumen und Dichte **6** · Mechanische Bewegung **7** · Kraft und ihre Wirkungen **12**
TOPTHEMA Newtonsche Gesetze **13**
TOPTHEMA Hebel, Ebenen und Rollen **18**
Mechanik der Flüssigkeiten und Gase **20** · Mechanische Arbeit **24** · Mechanische Leistung **25** · Mechanische Energie **26** · Mechanische Schwingungen **28** · Mechanische Wellen **30** · Schall **31**

## 2. Wärmelehre 32

Temperatur von Körpern **32** · Energie und Wärme **33** · Thermische Leistung, Wirkungsgrad **34** · Volumen- und Temperaturänderung **35**
TOPTHEMA Zustandsänderungen **36**
Wärmeübertragung **38** · Hauptsätze der Wärmelehre und Wärmekraftmaschinen **40**

## 3. Optik 42

Lichtquellen **42** · Lichtausbreitung **42** · Lichtgeschwindigkeit **43** · Reflexion des Lichts **44** · Brechung des Lichts **44** · Spiegel **46** · Optische Linsen **49** · Optische Geräte **52**
TOPTHEMA Auge und Sehhilfen **54**
Welleneigenschaften des Lichts **55**

## 4. Elektrizitätslehre 58

Elektrische Ladung 58 · Gleichstromkreis 59 · Messgrößen im Stromkreis 60 · Elektrische Energie, Arbeit und Leistung 63

TOPTHEMA Gesetze im Gleichstromkreis 64

Elektrische und magnetische Felder 66 · Elektromagnetische Induktion 70 · Wechselstromkreis 73 · Bauelemente im Wechselstromkreis 73 · Elektromagnetische Schwingungen 76 · Elektromagnetische Wellen 77 · Elektrische Leitungsvorgänge 78

TOPTHEMA Halbleiterbauelemente 82

## 5. Kernphysik 84

Aufbau der Atome 84 · Kernumwandlungen 86 · Kernkraftwerk 87

TOPTHEMA Radioaktive Strahlung 88

## 6. Energie 90

Energie in Natur und Technik 90

TOPTHEMA Energieformen 91

## Testfragen 94

Stichwortfinder 112

# 1 Mechanik

## Größen in der Mechanik

Eine **physikalische Größe** beschreibt eine messbare Eigenschaft eines Objekts. Die Ausprägung dieser Eigenschaft bezeichnet man als **Wert der Größe.** Die Ermittlung des Werts erfolgt mittels Messgerät.

Die Masse $m$ gibt an, wie schwer (oder wie leicht) und wie träge ein Körper ist.

Die Geschwindigkeit $\upsilon$ gibt an, wie schnell (oder wie langsam) sich ein Körper bewegt.

Für jede Größe ist ein **Formelzeichen** festgelegt. Der Wert einer Größe ist das Produkt aus einem Zahlenwert und der **Einheit** dieser Größe.

$s = 5\ \mathrm{m} = 5 \cdot 1\ \mathrm{m}$

$t = 10\ \mathrm{s} = 10 \cdot 1\ \mathrm{s}$

$$\upsilon = 80\ \frac{\mathrm{km}}{\mathrm{h}} = 80 \cdot 1\ \frac{\mathrm{km}}{\mathrm{h}}$$

Die meisten physikalischen Größen sind **abgeleitete Größen.** Sie lassen sich auf **Grundgrößen** zurückführen.
Die Grund- und **Basiseinheiten** (↑ Innenklappe) sind im Internationalen Einheitensystem (SI) festgelegt.

Grundgrößen der Mechanik:
Weg, Länge: $s$, $l$
Masse: $m$
Zeit: $t$
Die Geschwindigkeit $\upsilon$ ist eine abgeleitete Größe (↑ S. 7).

# Eigenschaften von Körpern



Gegenstände bezeichnet man in der Physik als **Körper.** Körper haben Eigenschaften wie Form, Volumen, Gewicht, Temperatur.

**Feste Körper** haben eine bestimmte Form und gleich bleibendes Volumen.

Holz · Eisen
Feste Körper lassen sich nicht zusammendrücken.

**Flüssigkeiten** haben ein gleich bleibendes Volumen, passen ihre Form jedoch dem Gefäß an.

Wasser · Öl
Flüssigkeiten lassen sich nicht zusammendrücken.

**Gase** haben weder eine bestimmte Form noch ein bestimmtes Volumen. Sie sind bestrebt, den Raum, der ihnen zur Verfügung steht, gleichmäßig auszufüllen.

Luft · $CO_2$
Gase lassen sich zusammendrücken.

Stoffe können fest oder flüssig oder gasförmig sein, je nachdem, welche Kräfte zwischen den Teilchen wirken. Sie haben verschiedene **Aggregatzustände** (↑ S. 36).

Wasser kann zu Eis erstarren oder zu Wasserdampf verdampfen.
Anziehungskräfte:
fest: stark
flüssig: mittlere
gasförmig: gering

# Masse, Volumen und Dichte

## Masse

Jeder Körper hat eine Masse. Sie drückt aus, wie stark der Körper einer Änderung seiner Bewegung durch eine Kraft widersteht. Um die Masse eines Körpers zu bestimmen, benutzt man als Messgerät eine Waage.

Die Masse gibt an, wie schwer und wie träge ein Körper ist.
1 l Wasser hat die Masse von 1 kg.
Formelzeichen: $m$
Einheit: 1 kg
Vielfache/Teile der Einheit:
1 g = 1000 mg
1 t = 1000 kg

## Volumen

Das Volumen gibt an, wie viel Raum ein Körper einnimmt.

Formelzeichen: $V$
Einheit: $m^3$
Vielfache/Teile der Einheit:
$1\,l = 0{,}001\,m^3$
$1\,cm^3 = 0{,}001\,l = 10^{-6}\,m^3$

## Dichte

Die Dichte kennzeichnet die Eigenschaft eines Stoffes. Sie ist eine von der Masse und dem Volumen eines Körpers abgeleitete Größe. Sie wird durch Messung von Masse und Volumen eines Körpers und Division beider Größen bestimmt.

Die Dichte gibt an, wie groß die Masse von $1\,cm^3$ eines Stoffes ist.
Die Dichte von Wasser beträgt $1\,g/cm^3$.

Formelzeichen: $\rho$

$$\rho = \frac{m}{V}$$

Einheiten: $1\frac{kg}{m^3} = 0{,}001\,\frac{g}{cm^3}$

# Mechanische Bewegung

## Bewegung

Dies ist die Veränderung des Ortes oder der Lage eines Körpers gegenüber einem anderen Körper. Ändert ein Körper seinen Ort oder seine Lage nicht, so ist er in **Ruhe.** Ruhe und Bewegung sind relativ.

Meist wird als Bezugskörper (Bezugssystem) die Erde gewählt.
Eine Person in einem fahrenden Zug ist gegenüber dem einen Bezugskörper (Zug) in Ruhe und gleichzeitig gegenüber anderen Bezugskörpern (z. B. Häuser an der Strecke) in Bewegung.

Zur Beschreibung der Bewegung eines Körpers nutzt man häufig das Modell **Massepunkt.** Im Massepunkt ist die gesamte Masse eines Körpers vereinigt, von Form und Volumen wird abgesehen.

Beschreibung der Bewegung eines fahrenden Autos:

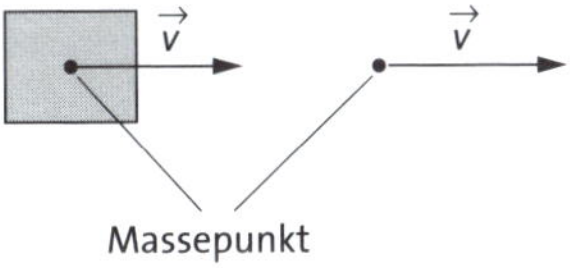


## Geschwindigkeit

Geschwindigkeit ist eine vektorielle Größe. Sie hat in jedem Punkt der Bewegung einen **Betrag** und eine **Richtung.** Um die Geschwindigkeit zu bestimmen, benutzt man u. a. einen Tachometer.

Die Geschwindigkeit gibt an, wie schnell sich ein Körper bewegt.

Formelzeichen: $v$

Einheiten: $1\,\frac{\mathrm{m}}{\mathrm{s}} = 3{,}6\,\frac{\mathrm{km}}{\mathrm{h}}$

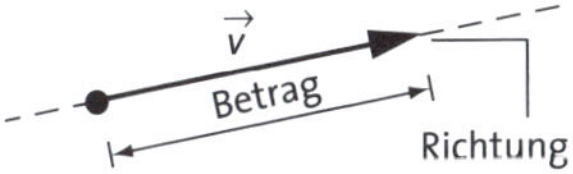

## Geschwindigkeit

Die Geschwindigkeit *v* wird aus zurückgelegtem Weg *s* *(Δs)* und benötigter Zeit *t* *(Δt)* bestimmt. Man erhält die **Durchschnittsgeschwindigkeit.**

$$v = \frac{s}{t} \text{ oder } \frac{\Delta s}{\Delta t}$$

Ein Radsportler legt 204 km in 4 h 30 min zurück.

$$v = \frac{204 \text{ km}}{4{,}5 \text{ h}} = 45{,}3 \text{ km/h}$$

## Beschleunigung

Beschleunigung ist eine vektorielle Größe. Sie hat einen Betrag und eine Richtung.
Eine der Bewegungsrichtung entgegengesetzt gerichtete (negative) Beschleunigung bezeichnet man als **Verzögerung.**

- anfahrendes Auto: positive Beschleunigung
- bremsendes Auto: negative Beschleunigung.

Die Beschleunigung gibt an, wie schnell sich die Geschwindigkeit eines Körpers ändert.

Formelzeichen: *a*

Einheit: $1 \frac{\text{m}}{\text{s}^2}$

D. h., die Geschwindigkcit ändert sich in 1 s um $1 \frac{\text{m}}{\text{s}}$

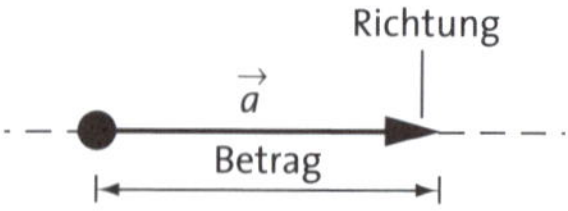


Die Beschleunigung *a* wird aus der Änderung der Geschwindigkeit *v* *(Δv)* und der dafür benötigten Zeit *t* *(Δt)* bestimmt. Man erhält die **Durchschnittsbeschleunigung.**

$$a = \frac{v}{t} \text{ oder } \frac{\Delta v}{\Delta t}$$

Ein Auto beschleunigt von 0 auf $100 \frac{\text{km}}{\text{h}}$ $(= 27{,}8 \frac{\text{m}}{\text{s}})$ in 12 s.

$$a = \frac{27{,}8 \text{ m}}{12 \text{ s} \cdot \text{s}} = 2{,}3 \frac{\text{m}}{\text{s}^2}$$

## Gleichförmige Bewegung

Eine **gleichförmig geradlinige Bewegung** liegt vor, wenn sich der Betrag und die Richtung der Geschwindigkeit eines Körpers nicht ändern. Die Beschleunigung in Bahnrichtung ist null.

$v = \text{konstant}$
$a = 0$

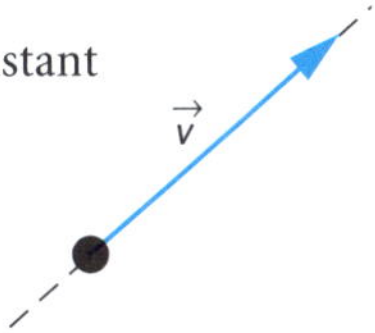


Eisenbahn mit konstanter Geschwindigkeit

**Weg-Zeit-Gesetz:**
In gleichen Zeiten werden gleiche Wege zurückgelegt.

$s \sim t$
$s = v \cdot t$

$v = \frac{s}{t} = \text{konstant}$

**Weg-Zeit-Diagramm:**
Je größer die Geschwindigkeit, desto steiler der Anstieg der Geraden.

$v_1 < v_2$

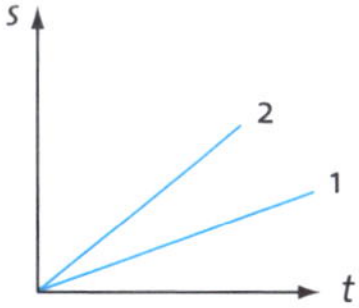


**Geschwindigkeit-Zeit-Diagramm:**
Je größer die Geschwindigkeit, desto höher liegt die Gerade.

$v_1 < v_2$

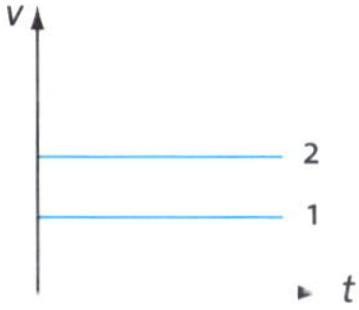


Bewegt sich ein Körper gleichförmig auf einer Kreisbahn, liegt eine besondere Form, die **gleichförmige Kreisbewegung**, vor (↑ S. 16).

$$v = \frac{s}{t} = \frac{2\pi \cdot r}{T} = 2\pi \cdot r \cdot n$$

*r*: Radius der Kreisbahn
*T*: Zeit für einen Umlauf
*n*: Drehzahl ($n = \frac{1}{T}$)

## Ungleichförmige Bewegung

Eine **gleichmäßig beschleunigte Bewegung** eines Körpers liegt vor, wenn sich seine Geschwindigkeit in gleichen Zeitabschnitten in gleichem Maße verändert.

Beschleunigung einer Kugel durch eine Feder, etwa beim Flipper.

Gleichmäßig beschleunigte Bewegung **aus der Ruhelage:**
$a = \text{konstant}$

- Weg-Zeit-Gesetz

$s \sim t^2$

$s = \frac{a}{2} \cdot t^2$

- Geschwindigkeit-Zeit-Gesetz

$v = a \cdot t$

**Weg-Zeit-Diagramm:**
Je größer die Beschleunigung, desto steiler die Kurve.

$a_1 < a_2$

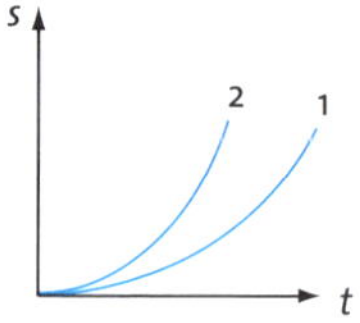


**Geschwindigkeit-Zeit-Diagramm:**
Je größer die Beschleunigung, desto steiler die Gerade.

$a_1 < a_2$

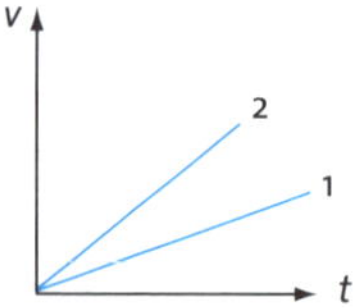


**Beschleunigung-Zeit-Diagramm:**
Je größer die Beschleunigung, desto höher die Gerade.

$a_1 < a_2$

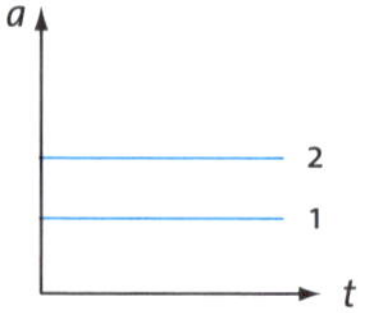

Der **freie Fall** ist eine spezielle gleichmäßig beschleunigte Bewegung. Die **Fallbeschleunigung** $g$ ist ortsabhängig. Die Gesetze der gleichmäßig beschleunigten Bewegung gelten auch für den freien Fall **(Fallgesetze).**

Fallender Körper, sofern der Luftwiderstand zu vernachlässigen ist.
Mittlere Fallbeschleunigung an der Erdoberfläche:

$g = 9{,}81\,\frac{m}{s^2}$ oder $g \approx 10\frac{m}{s^2}$

$s = \frac{g}{2} \cdot t^2$

$v = g \cdot t$

$v = 2 \cdot g \cdot s$

## Bewegungsüberlagerung

Ein Körper kann eine Bewegung ausführen, die aus mehreren Bewegungen zusammengesetzt ist, z. B. Hochsprung: Absprungbewegung und freier Fall.
Die resultierende Geschwindigkeit ergibt sich aus den Geschwindigkeiten der Teilbewegungen. Diese können in gleicher, entgegengesetzter oder beliebig anderer Richtung verlaufen.
Bei **Wurfbewegungen** überlagern sich eine gleichförmige und eine gleichmäßig beschleunigte Bewegung (freier Fall).

Wurfbewegungen:

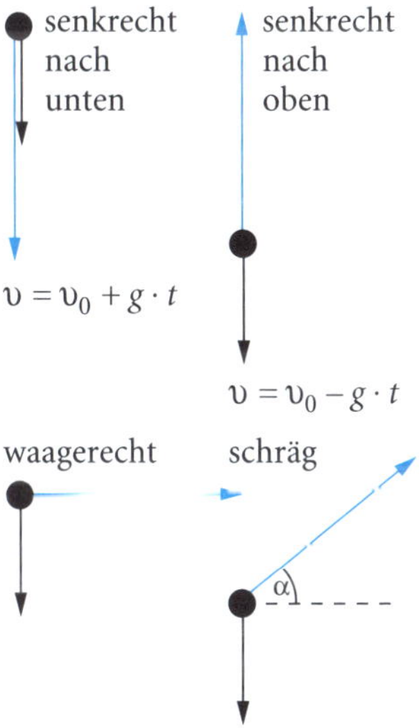


$v = v_0 + g \cdot t$ (senkrecht nach unten)

$v = v_0 - g \cdot t$ (senkrecht nach oben)

$v = \sqrt{v^2{}_0 + (g \cdot t)^2}$

# Kraft und ihre Wirkungen

Die physikalische Größe **Kraft** gibt an, wie stark zwei Körper aufeinander einwirken.

Formelzeichen: $F$
Einheit: 1 Newton (1 N)

Die Kraft mit dem Betrag 1 N erteilt einem Körper der Masse 1 kg die Beschleunigung 1 m/s².
1 N ist etwa die Kraft, mit der ein Körper der Masse 100 g auf eine ruhende Unterlage drückt oder an einer Aufhängung zieht. Durch diese Kraft wird die Aufhängung verformt.

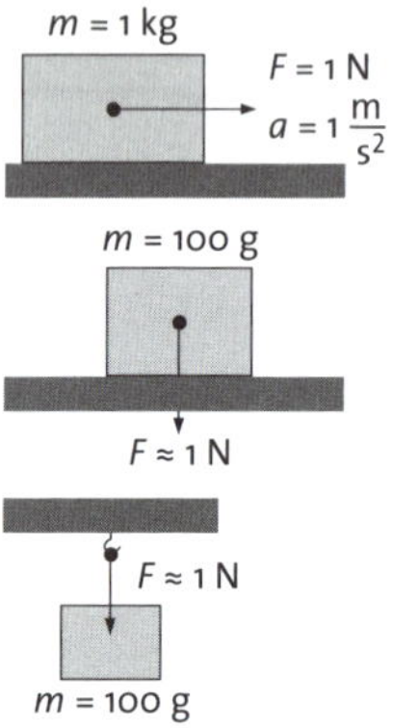


Die Verformung von Körpern durch Kräfte wird zur Messung der Kraft mit einem **Federkraftmesser** genutzt. Es gilt das **hookesche Gesetz.**

Hookesches Gesetz:
$F = D \cdot s$
$F$: angreifende Kraft
$s$: Verlängerung der Feder
$D$: Federkonstante

Die Kraft ist eine vektorielle Größe.
Die **Wirkung einer Kraft** hängt ab von Betrag, Richtung und Angriffspunkt der Kraft am Körper.

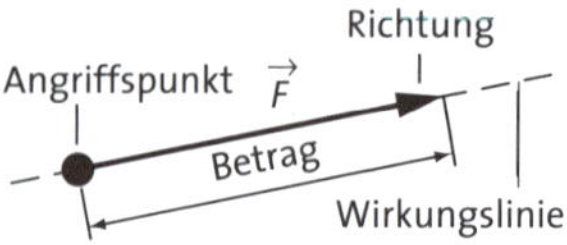

Die newtonschen Gesetze drücken Zusammenhänge zwischen Kräften, Geschwindigkeit und Beschleunigung aus.

## 1. Trägheitsgesetz

Ein Körper ändert seine Bewegung nicht, solange keine Kraft auf ihn wirkt.

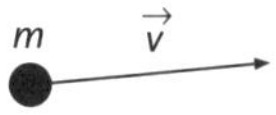


Es gilt: $\vec{v}$ = konstant bei $F = 0$

Damit sich ein ruhender Körper zu bewegen beginnt, muss eine Kraft auf ihn wirken: Ein Fußballer wirkt mit seinem Fuß auf den Ball ein, der dadurch in Bewegung gesetzt wird.

## 2. Newtonsches Grundgesetz

Zwischen Kraft, Masse und Beschleunigung gilt die Gleichung:

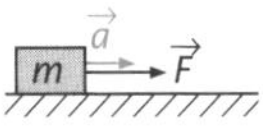


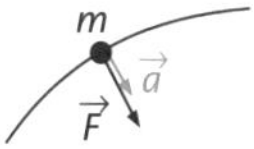


$\vec{F} = m \cdot \vec{a}$

Stärkere Motoren können gleiche Autos stärker beschleunigen und dadurch in kürzerer Zeit zur angestrebten Geschwindigkeit bringen.

## 3. Wechselwirkungsgesetz

Wirken zwei Körper aufeinander ein, so wirkt auf jeden eine gleich große Kraft, jedoch mit entgegengesetzter Richtung.

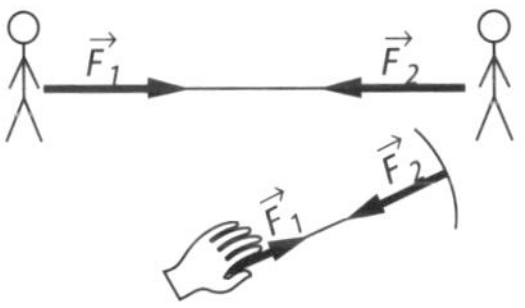


$\vec{F}_1 = -\vec{F}_2$

Wenn beim Seilziehen keine Mannschaft im Vorteil ist, greift an jeder Mannschaft eine gleich große Kraft an, wie sie selbst aufwendet.

## Zusammensetzung von Kräften

Wenn auf einen Körper zwei Kräfte wirken, so ergibt sich eine **resultierende Kraft.**

Die resultierende Kraft kann man rechnerisch oder zeichnerisch ermitteln. Zeichnerisch ergibt sich ein **Kräfteparallelogramm.**

**Gleiche Richtung:**
Zwei Kräfte wirken in gleicher Richtung.

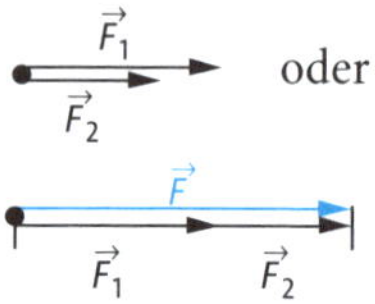


$F = F_1 + F_2$

**Entgegengesetzte Richtung:**
Zwei Kräfte wirken in entgegengesetzter Richtung.

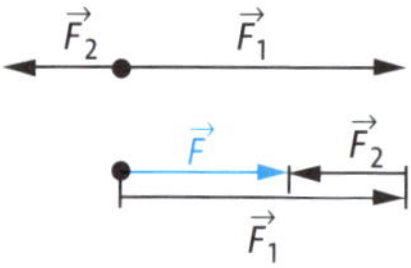


$F = F_1 - F_2$

**Senkrechte Richtung:**
Zwei Kräfte wirken im rechten Winkel zueinander.

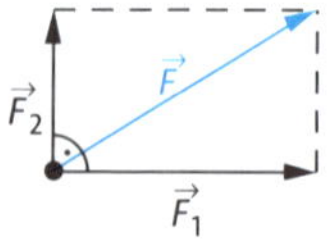


$F = \sqrt{F_1{}^2 + F_2{}^2}$

**Beliebige Richtung:**
Zwei Kräfte wirken in beliebiger Richtung zueinander.

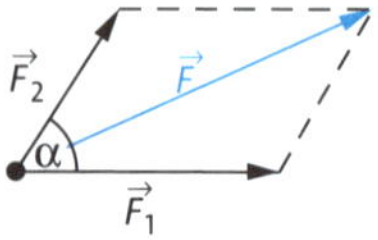


$F = \sqrt{F_1{}^2 + F_2{}^2 + 2 F_1 F_2 \cos\alpha}$

## Gewichtskraft

Körper werden von der Erde angezogen.
Die Gewichtskraft gibt an, mit welcher Kraft ein Körper durch die Anziehung der Erde auf eine Unterlage oder eine Aufhängung einwirkt.
Die Höhe der Gewichtskraft hängt von der Masse des Körpers ab.

Formelzeichen: $F_G$
Berechnung: $F_G = m \cdot g$
$g$: Fallbeschleunigung oder Ortsfaktor (↑ S. 11)

$$g = 9{,}81\,\frac{\mathrm{N}}{\mathrm{kg}} \quad \text{oder} \quad g \approx 10\,\frac{\mathrm{N}}{\mathrm{kg}}$$

Die Fallbeschleunigung auf dem Mond beträgt nur $^1/_6$ der Fallbeschleunigung auf der Erde. Körper gleicher Masse erfahren auf dem Mond nur $^1/_6$ der Gewichtskraft, die sie auf der Erde erfahren.

## Gravitationskraft

Alle Körper ziehen sich aufgrund ihrer Massen gegenseitig an. Diese Erscheinung bezeichnet man als Gravitation, die anziehenden Kräfte als Gravitationskräfte.
Die Gewichtskraft ist eine spezielle Gravitationskraft.

Die Gravitationskräfte, die zwei Körper aufeinander ausüben, berechnet man mit der Gleichung:

$$F = G \cdot \frac{m_1 \cdot m_2}{r^2}$$

$G$: Gravitationskonstante

$$G = 6{,}673 \cdot 10^{-11}\,\frac{\mathrm{m}^3}{\mathrm{kg} \cdot \mathrm{s}^2}$$

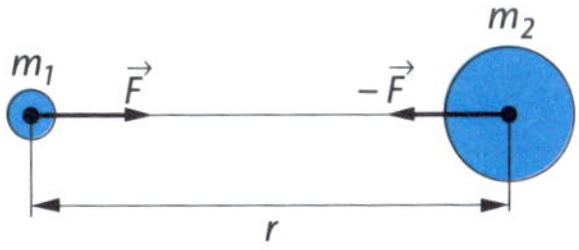

## Radialkraft

Damit sich ein Körper auf einer Kreisbahn bewegt, muss eine Kraft an ihm angreifen, die zum Mittelpunkt der Kreisbahn gerichtet ist. Diese Kraft wird als Radialkraft bezeichnet.

Die Anziehungskraft der Sonne ist die Radialkraft, die die Erde auf die (nahezu kreisförmige) Umlaufbahn zwingt.
Die Radialkraft gibt an, mit welcher Kraft ein Körper auf einer Kreisbahn gehalten wird.

Berechnung der Radialkraft $F_r$ bei einer gleichförmigen Kreisbewegung (↑ S. 9):

$$F_r = m \cdot \frac{v^2}{r} = m \cdot \frac{4\pi^2 \cdot r}{T^2} = m \cdot 4\pi^2 \cdot r \cdot n^2$$

## Druckkraft

Wenn ein Körper auf eine Fläche einwirkt, so wirkt eine Druckkraft.

Beim Tanzen tritt ein Partner dem anderen auf den Fuß.

Die Druckkraft, die pro $m^2$ (oder $cm^2$) einer Fläche wirkt, bezeichnet man als **Auflagedruck.**

Je größer die Kraft und je kleiner die Fläche, desto größer ist der Auflagedruck.

Formelzeichen: $p$

Berechnung: $p = \frac{F}{A}$

Einheit: 1 Pascal (1 Pa) $= 1\,\frac{\text{N}}{\text{m}^2}$

Vielfaches der Einheit:
1 MPa = 1 000 000 Pa

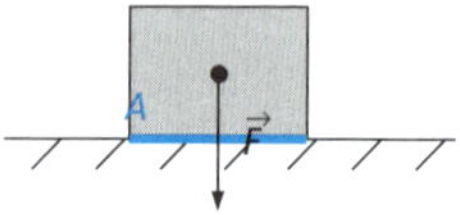

## Reibung

Wenn sich Körper berühren, wirken zwischen ihnen **Reibungskräfte,** die die Bewegung hemmen. Ursache für die Reibung ist die Oberfläche der Körper.

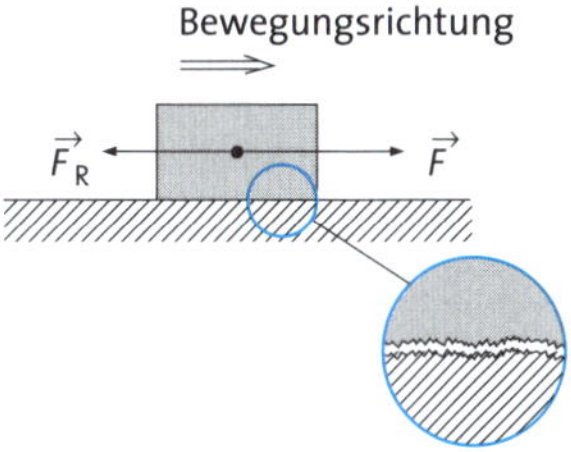


**Haftreibung** liegt vor, wenn Körper aneinander haften und sich nicht relativ zueinander bewegen.

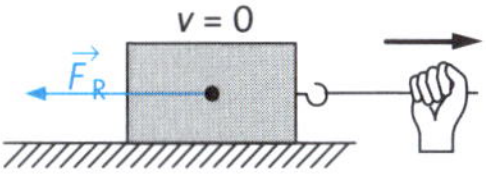


Kiste bewegt sich nicht.

**Gleitreibung** liegt vor, wenn ein Körper auf einem anderen gleitet.

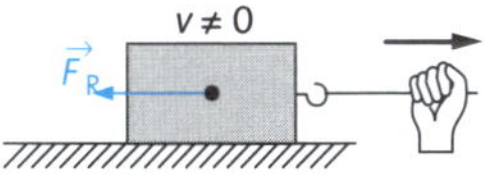


Kiste rutscht auf Bodenbelag.

**Rollreibung** liegt vor, wenn ein Körper auf einem anderen rollt.

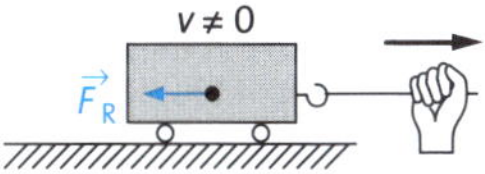


Ein schwerer Koffer wird auf Rollen bewegt.

Die Reibungskraft berechnet sich aus der Normalkraft (Auflagekraft) und der Reibungszahl. Die Reibungszahl hängt von Stoff und Reibungsart ab. Mit Schmiermitteln wird die Reibungskraft verringert.

$F_R = \mu \cdot F_N$
$F_R$ = Reibungskraft
$F_N$ = Normalkraft
$\mu$ = Reibungszahl

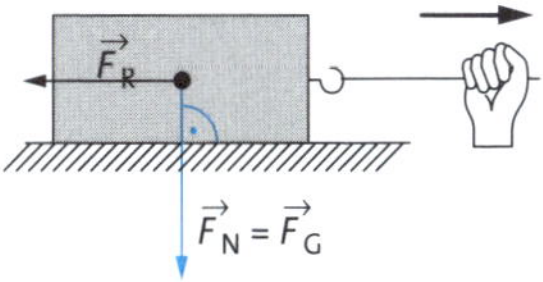

Unter **kraftumformenden Einrichtungen** versteht man einfache Vorrichtungen, mit deren Hilfe der Betrag oder die Richtung von Kräften oder beides verändert werden kann.

Für kraftumformende Einrichtungen gilt die **goldene Regel der Mechanik:** Was man an Kraft spart, muss man an Weg zusetzen.

## Hebel

### Hebelgesetz

Für alle Hebel im Gleichgewicht gilt das Hebelgesetz:

$F_1 \cdot r_1 = F_2 \cdot r_2$ oder $\frac{F_1}{F_2} = \frac{r_2}{r_1}$

$F$ bezeichnet die wirkenden Kräfte, $r$ die Länge der Kraftarme. Das ist der jeweilige Abstand des Angriffspunktes einer Kraft von der Drehachse.

**Einseitiger Hebel**

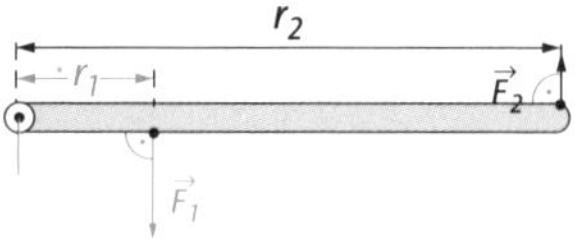


Nussknacker • Schraubenschlüssel

**Zweiseitiger Hebel**

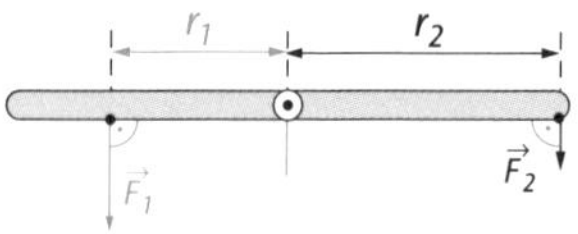


Schere • Wippe

### Drehmoment

- Das Produkt $F \cdot r$ bezeichnet man als Drehmoment (Einheit: 1 Nm).
- Das Drehmoment gibt an, wie stark eine Kraft auf einen drehbaren Körper einwirkt.

Ein Hebel ist im Gleichgewicht, wenn das rechtsdrehende gleich dem linksdrehenden Drehmoment ist.
$M_L = M_R$

## Geneigte Ebene

Für die geneigte Ebene gilt die Gleichung: $\frac{F_H}{F_G} = \frac{h}{l}$

Je länger der Weg ist, um einen bestimmten Höhenunterschied zu überwinden, desto geringer ist die Kraft, die dazu aufgewendet werden muss.

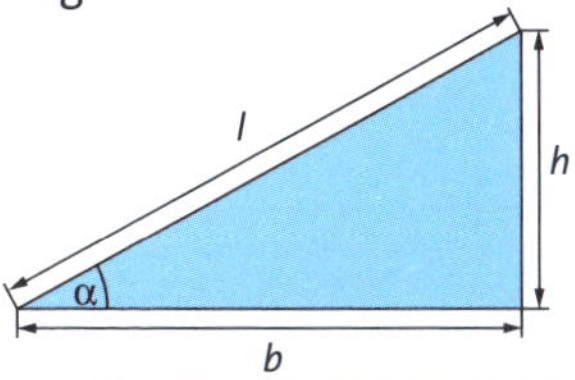


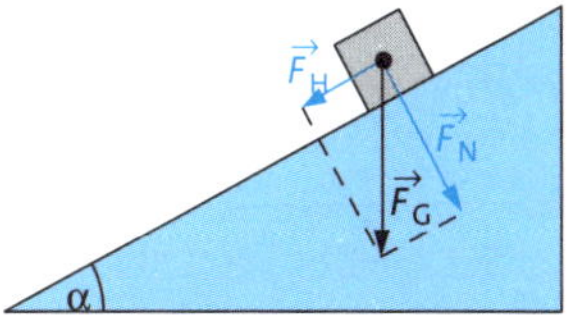


Ansteigende Straße, Rolltreppe, Transportband

## Rollen

### Feste Rolle

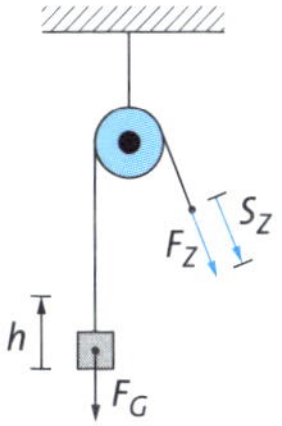


Die Zugkraft ist so groß wie die Gewichtskraft. Der Zugweg ist gleich der Hubhöhe.

$F_Z = F_G$
$s_Z = h$

### Lose Rolle

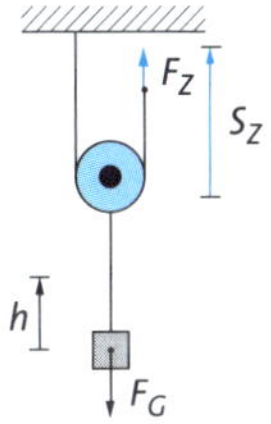


Die Zugkraft ist halb so groß wie die Gewichtskraft. Der Zugweg ist doppelt so groß wie die Hubhöhe.

$F_Z = \frac{1}{2} F_G$
$s_Z = 2 \cdot h$

### Flaschenzug

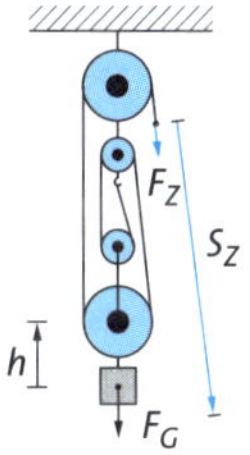


Die Zugkraft ist ein Viertel der Gewichtskraft. Der Zugweg ist viermal so groß wie die Hubhöhe.

$F_Z = \frac{1}{4} F_G$
$s_Z = 4 \cdot h$

# Mechanik der Flüssigkeiten und Gase

## Druck

In Gefäßen eingeschlossene Flüssigkeiten und Gase üben auf die Gefäßwände Kräfte aus. Ursache dieser Kräfte ist der Druck der Flüssigkeit oder des Gases. Dieser lässt sich mit dem **Teilchenmodell** deuten.

Druck in Flüssigkeiten:

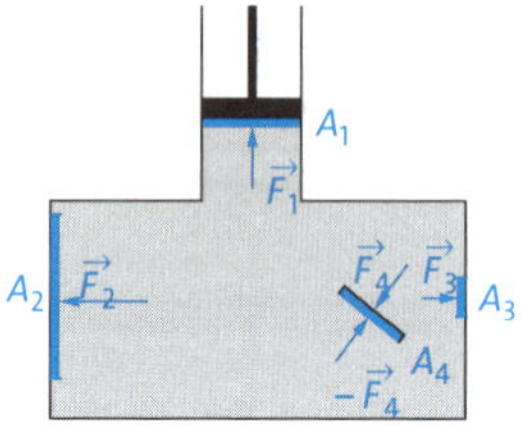


Druck in Gasen:

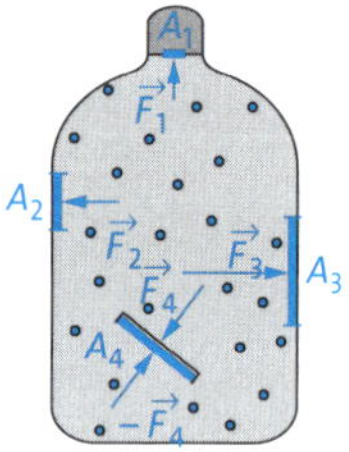


Der Druck ist im gesamten Gefäß annähernd gleich. Es gilt:

$$p = \frac{F_1}{A_1} = \frac{F_2}{A_2} = \ldots = \text{konstant}$$

In hohen Gefäßen muss jedoch der Schweredruck (↑ S. 21) berücksichtigt werden.

Formelzeichen: $p$
Einheit: 1 Pascal (1 Pa)

Umrechnung: $1\ \text{Pa} = 1\frac{\text{N}}{\text{m}^2}$

Vielfache der Einheit:
1 kPa = 1000 Pa
1 MPa = 1000 kPa

Der Druck wird mit **Manometern** gemessen. Durch den Druck wird eine Membran verformt. Die Verformung wird auf den Zeiger übertragen.

Andere Einheiten:
1 bar = 100 kPa
1 at ≈ 100 kPa
1 Torr ≈ 133 Pa

Bei einer Spritze oder Luftpumpe wird der Druck der Flüssigkeit oder des Gases mit einer Kraft an einem Kolben erzeugt. Dieser Druck wird deshalb als **Kolbendruck** bezeichnet.

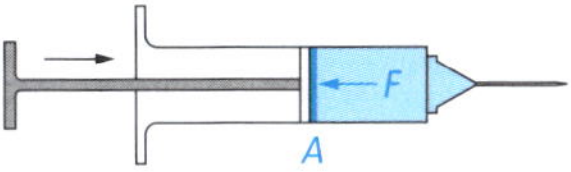


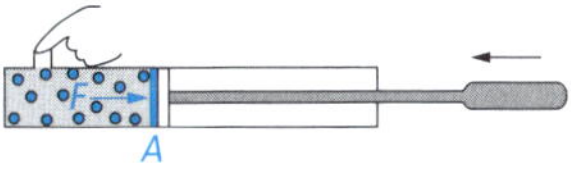


Flüssigkeiten lassen sich kaum zusammendrücken. Sie sind **inkompressibel.** Diese Eigenschaft wird bei **hydraulischen Anlagen** zur Kraftübertragung genutzt.

Hydraulische Anlagen sind kraftumformende Einrichtungen (↑S. 18).

Aus $p$ = konstant folgt:

$$\frac{F_1}{A_1} = \frac{F_2}{A_2}$$

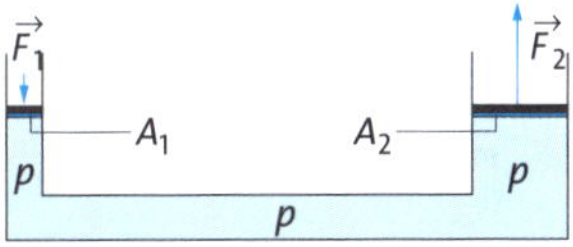


Bei Hebebühnen und hydraulischen Bremsen wird mit kleinem Kraftaufwand eine große Kraftwirkung erzielt. Je kleiner die aufgewendete Kraft, desto größer ist der notwendige Weg.

Durch die Gewichtskraft herrscht in jeder Flüssigkeit ein **Schweredruck.** Er hängt von Höhe und Dichte der Flüssigkeit ab. In Wasser nimmt der Schweredruck alle 10 m um 100 kPa (1 at) zu.

$$p = \frac{F_G}{A} = \frac{m \cdot g}{A} = \rho \cdot g \cdot h$$

Schweredruck in 1000 m Wassertiefe:

Dichte des Meerwassers

$$1{,}02\,\frac{\text{g}}{\text{cm}^3} = 1020\,\frac{\text{kg}}{\text{m}^3}$$

$$p \approx 1020\,\frac{\text{kg}}{\text{m}^3} \cdot 10\,\frac{\text{N}}{\text{kg}} \cdot 1000\text{ m}$$

$$p \approx 10\,200\,000\text{ Pa} \approx 10\text{ MPa}$$

## Luftdruck

Ähnlich wie bei Flüssigkeiten ruft die Gewichtskraft der über uns befindlichen Luft der Atmosphäre den **Luftdruck** hervor.
Den größten Betrag hat der Luftdruck in Meereshöhe (NN). Auf Bergen ist der Luftdruck geringer.
Der Luftdruck schwankt zwischen 97 und 103 kPa.

Der Luftdruck in NN beträgt etwa 100 kPa.

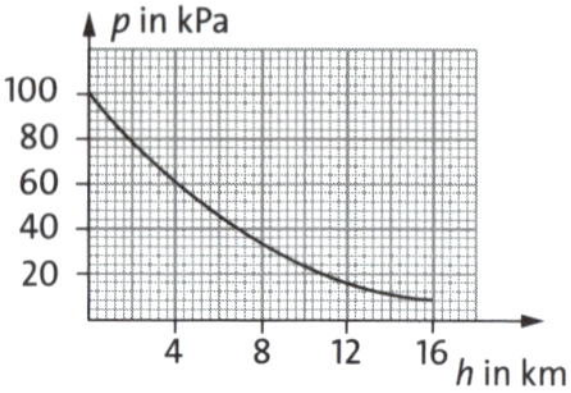


Tief- und Hochdruckgebiete bestimmen unser Wetter.

Messgeräte für den Luftdruck bezeichnet man als **Barometer.**

- **Dosenbarometer:**
Durch den Luftdruck wird die Membran einer luftleeren Dose verformt und die Verformung auf einen Zeiger übertragen.

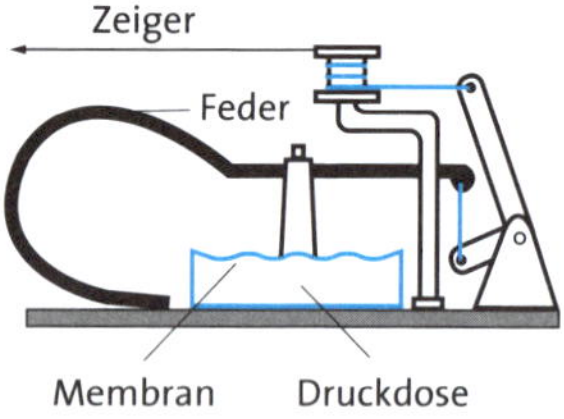


- **Quecksilberbarometer:**
Der Schweredruck der Quecksilbersäule im linken Teil des Rohrs ist gleich dem Luftdruck, der rechts auf die Säule wirkt. Die Höhe der Säule links gibt daher den Luftdruck an.

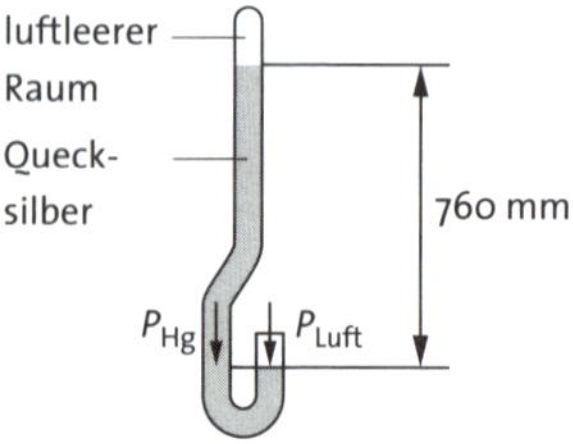

## Auftrieb

Befindet sich ein Körper in einer Flüssigkeit, so verringert sich scheinbar sein Gewicht. Der Gewichtskraft wirkt die **Auftriebskraft $F_A$** entgegen.
Ursache des Auftriebs ist der verschiedene Schweredruck in verschiedenen Tiefen.
**Archimedisches Gesetz:** Die Auftriebskraft ist gleich der Gewichtskraft der verdrängten Flüssigkeit.

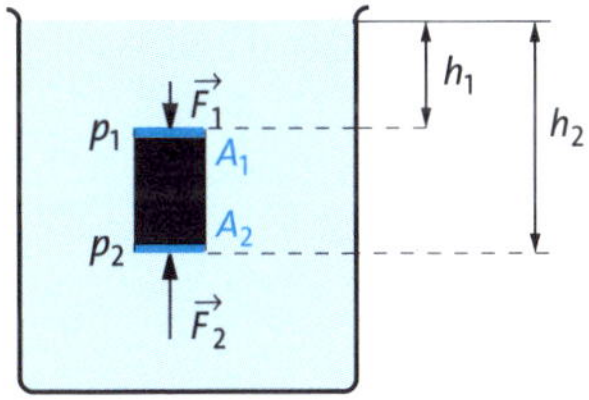


$$p_2 > p_1 \rightarrow F_2 > F_1$$
$$F_A = F_2 - F_1$$

$$F_A = \rho_{Fl} \cdot V_{Fl} \cdot g$$

## Auftrieb und Gewichtskraft

Ob ein Körper in einer Flüssigkeit sinkt, schwebt, steigt oder schwimmt, hängt von seiner Gewichtskraft, der Auftriebskraft sowie den Dichten des Körpers $\rho_K$ und der Flüssigkeit $\rho_{FL}$ ab.

**Sinken**

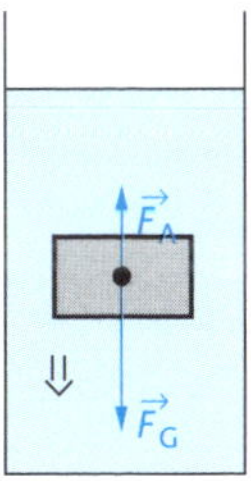


$F_A < F_G$
$\rho_{Fl} < \rho_K$

**Schweben**

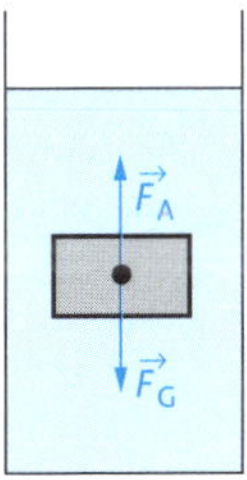


$F_A = F_G$
$\rho_{Fl} = \rho_K$

**Steigen**

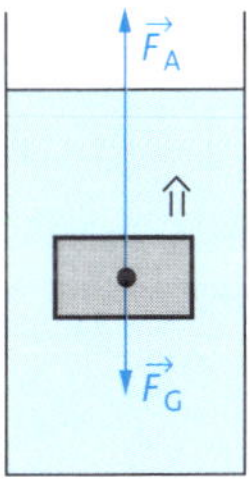


$F_A > F_G$
$\rho_{Fl} > \rho_K$

**Schwimmen**

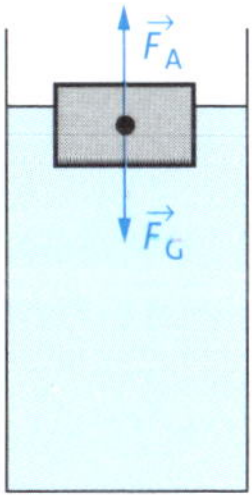


$F_A = F_G$
$\rho_{Fl} > \rho_K$

# Mechanische Arbeit

Mechanische Arbeit wird verrichtet, wenn ein Körper durch eine Kraft bewegt oder verformt wird.

Formelzeichen: $W$
Einheit: 1 Joule (1 J)
1 Newtonmeter (1 N · m)
$1\ \text{J} = 1\ \text{N} \cdot \text{m}$
Vielfache der Einheit:
$1\ \text{kJ} = 1000\ \text{J}$
$1\ \text{MJ} = 1000\ \text{kJ}$

Wenn die Kraft einen konstanten Betrag hat und längs des Weges wirkt, gilt für die Berechnung der mechanischen Arbeit: $W = F \cdot s$

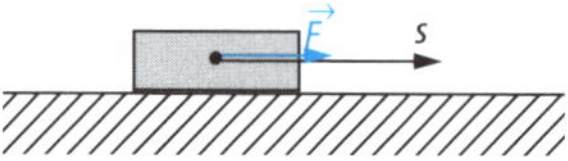


## Arten mechanischer Arbeit

Beim Heben eines Körpers wird **Hubarbeit** verrichtet. Die zum Heben erforderliche Kraft ist gleich der Gewichtskraft.

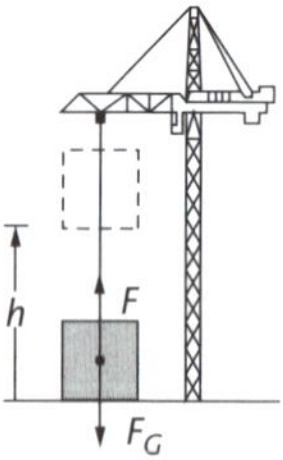


$$W = m \cdot g \cdot h$$

Beim Spannen einer Feder wird **Verformungsarbeit** verrichtet.

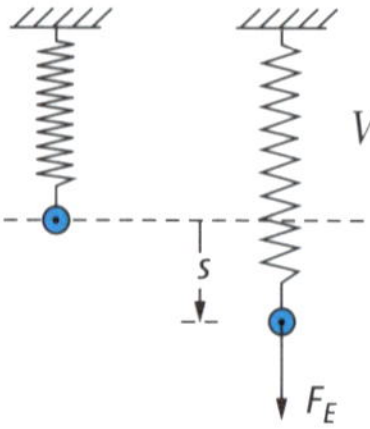


$$W = \frac{1}{2} F_{\text{E}} \cdot s$$

Beim Beschleunigen eines Fahrzeugs wird **Beschleunigungsarbeit** verrichtet.

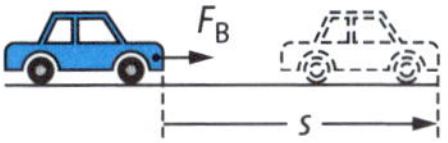


$W = m \cdot a \cdot s$

Zur Überwindung von Reibungskräften wird **Reibungsarbeit** verrichtet.

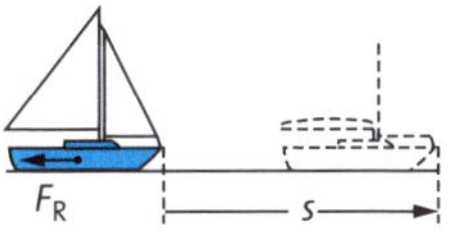


$W = \mu \cdot F_N \cdot s$

## Mechanische Leistung

Die mechanische Leistung gibt an, wie viel mechanische Arbeit je Sekunde verrichtet wird.

Formelzeichen: $P$
Einheit: 1 Watt (1 W)
$= 1 \frac{J}{s}$
Vielfache der Einheit:
1 kW = 1000 W
1 MW = 1000 kW

$P = \frac{W}{t}$

Wird die mechanische Arbeit gleichmäßig verrichtet, wird während der gesamten Zeit die gleiche Leistung erbracht. Dies gilt z.B. bei der gleichförmigen Bewegung. Die Leistung beträgt dann:
$P = F \cdot v$ ($F$ und $v$ sind konstant).

Mechanische Leistungen in Natur und Technik:
Spazierengehen: 20 W
Dauerleistung des Menschen: ≈ 100 W
Automotor: 50 kW
ICE: 6 MW

# Mechanische Energie

Mechanische Energie ist die Fähigkeit eines Körpers, aufgrund seiner Lage oder seiner Bewegung mechanische Arbeit zu verrichten, Wärme abzugeben oder Licht auszusenden.

Formelzeichen: $E_{mech}$
Einheit: 1 Joule (1 J)
1 Newtonmeter (1 N · m)
1 J = 1 N · m
Vielfache der Einheit:
1 kJ = 1000 J
1 MJ = 1000 kJ

## Energieformen

**Potenzielle Energie $E_{pot}$**
Die potenzielle Energie (Energie der Lage) eines gehobenen Körpers beträgt:
$E_{pot} = m \cdot g \cdot h$
Der Wert der Energie hängt von der Masse und der Höhe ab.

$E_{pot}$ in Natur und Technik:
Pkw auf Hebebühne: 15 kJ
Rammbär in 3 m Höhe: 30 kJ

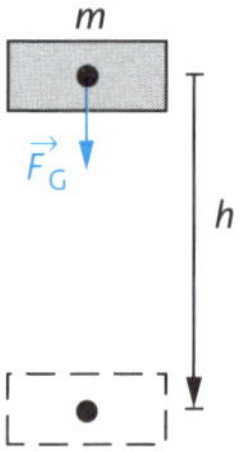


**Kinetische Energie $E_{kin}$**
Die kinetische Energie (Energie der Bewegung) eines sich bewegenden Körpers beträgt:
$E_{kin} = \frac{1}{2} m \cdot v^2$
Der Wert der Energie hängt von der Masse und der Geschwindigkeit ab.

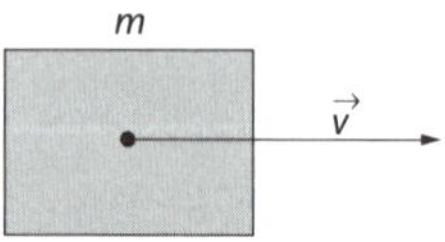


$E_{kin}$ in Natur und Technik:
Radfahrer: ≈ 1 kJ
Fußgänger: ≈ 60 J
Pkw ($m$ = 1000 kg) bei 100 km/h: ≈ 400 kJ

## Arbeit ändert Energie

Wird ein Körper gehoben oder beschleunigt, so ändert sich seine mechanische Energie. Durch Hubarbeit wird die potenzielle, durch Beschleunigungsarbeit die kinetische Energie geändert.
Auch durch Verformungsarbeit wird die mechanische Energie geändert.
Durch Reibungsarbeit wird ein Teil der mechanischen Energie eines Körpers in Wärme umgewandelt.

Es gilt:
$W = E_{\text{Ende}} - E_{\text{Anfang}}$
$W = \Delta E$

Die potenzielle Energie einer mit der Kraft $F$ gedehnten Feder beträgt:

$E_{\text{pot}} = \frac{1}{2} F \cdot s$

Beim Bremsen eines Fahrrads wird kinetische Energie in Wärme (der Bremse und des Rades) umgewandelt.

## Erhaltung der mechanischen Energie

Sofern keine mechanische Energie in andere Energieformen umgewandelt wird, gilt:
$E_{\text{pot}} + E_{\text{kin}} = \text{konstant}$.
Dies ist eine spezielle Form des allgemeinen **Gesetzes von der Erhaltung der Energie** (↑ S. 92).

Potenzielle Energie (A) wird in kinetische (B) und diese wiederum in potenzielle Energie (C) umgewandelt:

$\frac{1}{2} m \cdot v^2 = m \cdot g \cdot h$

## Wirkungsgrad

Der Wirkungsgrad gibt an, welcher Anteil (oder wie viel Prozent) der aufgewendeten Energie in Nutzenergie umgewandelt wird.

$$\eta = \frac{E_{\text{nutz}}}{E_{\text{auf}}}$$

Der Wirkungsgrad kann auch mit folgenden Gleichungen berechnet werden:

$$\eta = \frac{W_{\text{nutz}}}{W_{\text{auf}}} \qquad \eta = \frac{P_{\text{nutz}}}{P_{\text{auf}}}$$

Formelzeichen: $\eta$
Angabe in Prozent (%)

Wirkungsgrade in Natur und Technik:
Glühlampe: 5 %
Energiesparlampe: 25 %
Benzinmotor: 35 %
Elektromotor: 90 %
Schwimmen: 3 %

Ein Wirkungsgrad von 25 % bedeutet, dass ein Viertel der aufgewendeten Energie in Nutzenergie umgewandelt wird.

# Mechanische Schwingungen

Eine **mechanische Schwingung** ist eine zeitlich periodische Bewegung eines Körpers um eine Ruhelage. Damit sie entsteht, muss einem schwingungsfähigen Körper Energie zur Auslenkung aus der Ruhelage zugeführt werden und eine zur Ruhelage rücktreibende Kraft wirken.

Ein angestoßenes Pendel schwingt um seine Ruhelage.

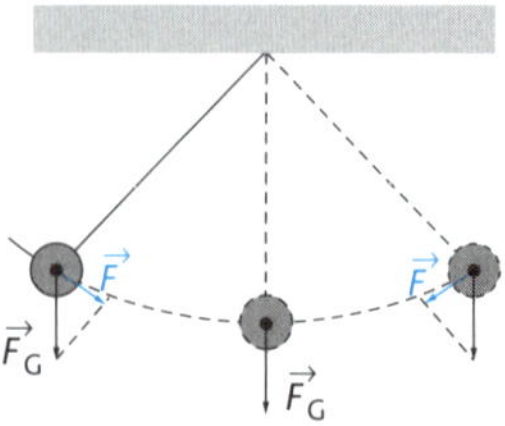


Eine angeschlagene Stimmgabel schwingt. Die rücktreibende Kraft ist die elastische Kraft der Stimmgabel.

## Beschreibung

Das ***y*-*t*-Diagramm** stellt den Zusammenhang von Auslenkung und Zeit dar.

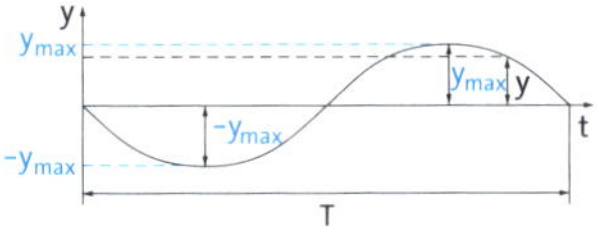


**Größen:**

| | Formelzeichen: | Einheit: |
|---|---|---|
| ■ Auslenkung: Abstand von der Ruhelage | $y$ | 1 m |
| ■ Amplitude: Höchstausschlag | $y_{max}$ | 1 m |
| ■ Schwingungsdauer: Zeit für eine Schwingung | $T$ | 1 s |
| ■ Frequenz: Schwingungen in 1 s | $f$<br>$f = 1/T$ | 1 Hertz (1 Hz)<br>1 Hz = 1/s |

## Schwingungsarten

- **harmonische Schwingung** (Uhrpendel)

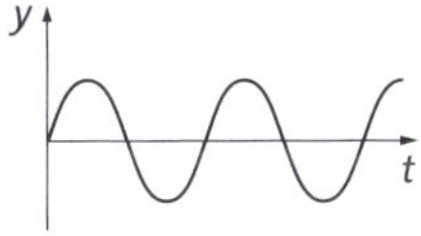


- **unharmonische Schwingung** (Stimmbänder)

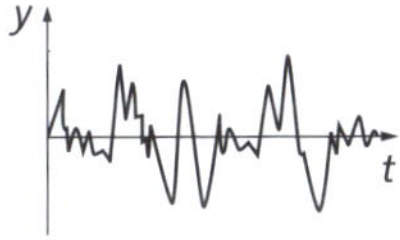


- **ungedämpfte Schwingung** (Membran eines Lautsprechers bei einem Ton bestimmter Lautstärke)

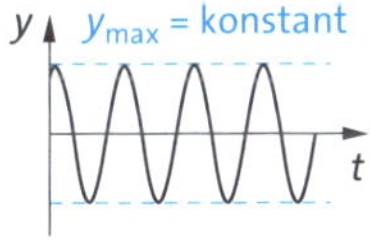


- **gedämpfte Schwingung** (Fadenpendel, Luftreibung berücksichtigt)

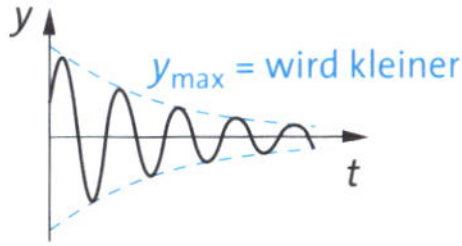

# Mechanische Wellen

Eine **mechanische Welle** ist die Ausbreitung einer mechanischen Schwingung im Raum. Dabei wird Energie übertragen, aber kein Stoff transportiert.

Schallwellen
Wasserwellen
Erdbebenwellen

Mit den für Schwingungen geltenden Größen werden auch mechanische Wellen beschrieben.

Auslenkung, Amplitude, Frequenz (↑ S. 29)

**Weitere Größen:**

| | Formelzeichen: | Einheit: |
|---|---|---|
| ■ Wellenlänge: Abstand zwischen zwei Körpern im gleichen Schwingungszustand | $\lambda$ | 1 m |
| ■ Ausbreitungsgeschwindigkeit | $\upsilon$<br>$\upsilon = \lambda \cdot f$ | 1 m/s |

## Beschreibung im Diagramm

Mechanische Wellen können auch mit Diagrammen beschrieben werden.

***y*-*t*-Diagramm**

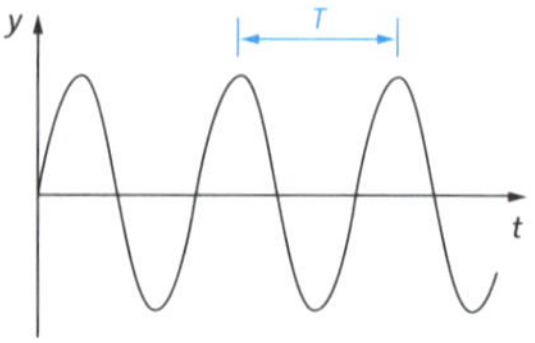


***y*-*x*-Diagramm**

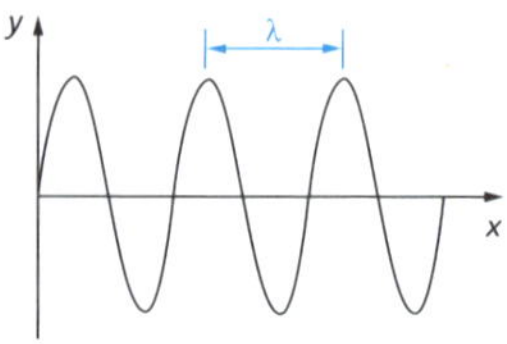


*y*: Auslenkung, *t*: Zeit, *x*: räumliche Ausbreitung

## Eigenschaften

- Reflexion: Wellen werden an Hindernissen zurückgeworfen.
Es gilt das **Reflexionsgesetz.**
- Brechung: Wellen ändern beim Übergang in einen anderen Stoff ihre Ausbreitungsrichtung.
Es gilt das **Brechungsgesetz.**

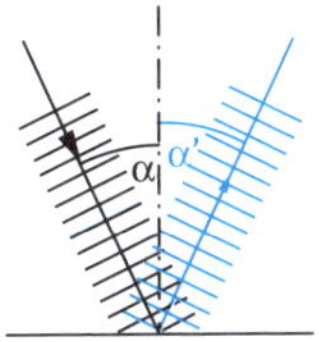


$\alpha = \alpha'$

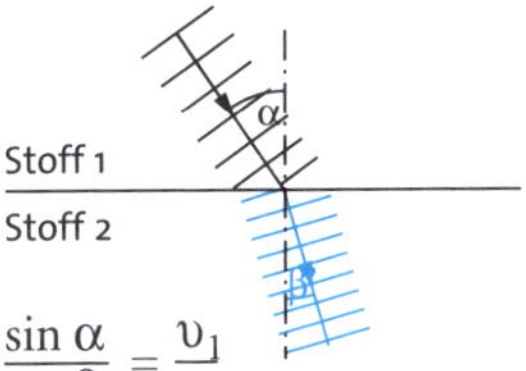


$$\frac{\sin \alpha}{\sin \beta} = \frac{\upsilon_1}{\upsilon_2}$$

# Schall

**Schallwellen** sind mechanische Wellen. Sie breiten sich durch Druckschwankungen in Gasen, Flüssigkeiten und festen Stoffen aus.
Die **Tonhöhe** ist von der Frequenz (↑ S. 29) abhängig. Als Normalton wurde der Kammerton a ($f$ = 440 Hz) vereinbart.
Die **Lautstärke** ist von der Amplitude (↑ S. 29) abhängig. Lärm ist Schall mit sehr großer Lautstärke.

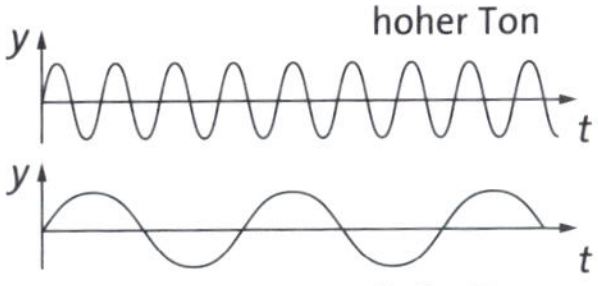


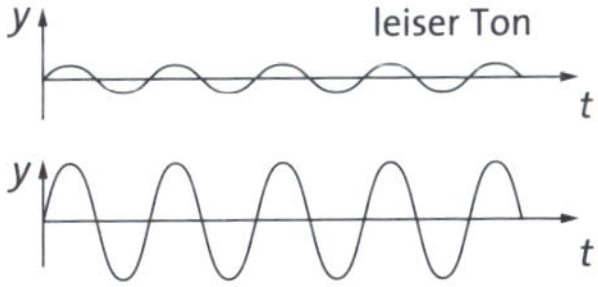

# 2 Wärmelehre

## Temperatur von Körpern

Die **Temperatur** gibt an, wie warm oder wie kalt ein Körper ist.
Zwischen den Einheiten der Temperatur bestehen folgende Beziehungen:

Formelzeichen: $T$
Einheiten:
1 Grad Celsius (1 °C)
1 Kelvin (1 K)
1 Grad Fahrenheit (1 °F)
1 Grad Reaumur (1 °R)

**Celsiusskala** | **Kelvinskala** | **Fahrenheitskala** | **Reaumurskala**

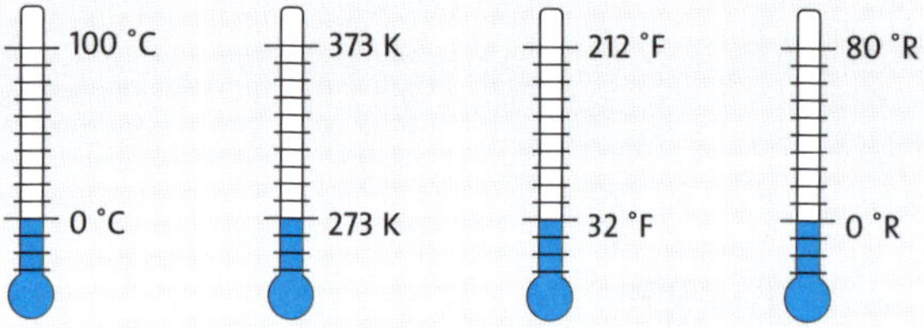


Messgeräte für die Temperatur sind **Thermometer.** Oft wird die Änderung des Volumens von Flüssigkeiten zur Temperaturmessung genutzt. Bei Erwärmung dehnt sich die Flüssigkeit aus.

Aufbau eines Flüssigkeitsthermometers:

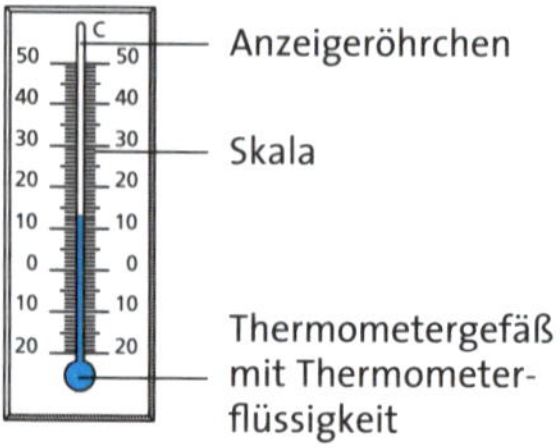

# Energie und Wärme

Aufgrund seiner Temperatur besitzt jeder Körper **thermische Energie.** Diese kann er an eine kältere Umgebung abgeben.

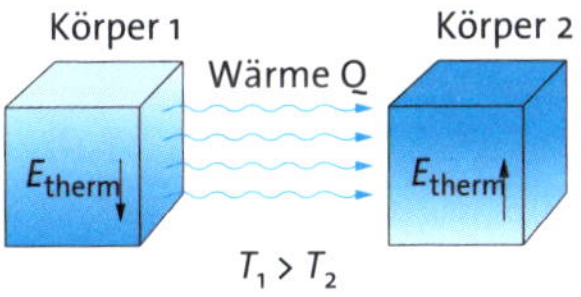


Die **Wärme** gibt an, wie viel thermische Energie von einem Körper auf einen anderen Körper übertragen wird.

Formelzeichen: $Q$
Einheit: 1 Joule (1 J)
Vielfache der Einheit:
1 kJ = 1000 J
1 MJ = 1000 kJ

## Wärmekapazität

Wenn ein Körper bei Wärmezufuhr oder -abgabe seinen Aggregatzustand nicht ändert, gilt für die übertragene Wärme:
$Q = c \cdot m \cdot \Delta T$
Die **spezifische Wärmekapazität** $c$ eines Stoffes gibt an, wie viel Wärme ein Körper mit der Masse 1 kg aufnehmen oder abgeben muss, damit sich seine Temperatur um 1 K ändert.

*m:* Masse des Körpers
$\Delta T$: Temperaturänderung des Körpers
*c:* spezifische Wärmekapazität

Beispiele ($c$ in $\frac{\text{kJ}}{\text{kg} \cdot \text{K}}$):
Stahl: 0,47
Petroleum: 2,0
Wasser: 4,19
Luft: 1,01

Die große spezifische Wärmekapazität des Wassers wird in Heizungsanlagen genutzt.

### Wärmequellen und Heizwert

Beim Betreiben von Wärmequellen werden häufig Brennstoffe verbrannt. Diese haben einen Heizwert, der etwas über ihre Ergiebigkeit aussagt. Der Heizwert *H* gibt an, wie viel Wärme frei wird, wenn 1 kg oder 1 l oder 1 $m^3$ eines Brennstoffes verbrannt wird.

Wärmequellen sind u. a. Kohleöfen, Ölheizungen, Gaskocher. Unsere wichtigste Wärmequelle ist die Sonne.

Formelzeichen: $H$

Einheiten: $1\,\frac{\text{MJ}}{\text{kg}}$; $1\,\frac{\text{MJ}}{\text{l}}$; $1\,\frac{\text{MJ}}{\text{m}^3}$

Beispiele:

Briketts: $H = 20\,\frac{\text{MJ}}{\text{kg}}$

Heizöl: $H = 42\,\frac{\text{MJ}}{\text{l}}$

Erdgas: $H = 31\,\frac{\text{MJ}}{\text{m}^3}$

## Thermische Leistung, Wirkungsgrad

Die **thermische Leistung** gibt an, wie viel Wärme pro Sekunde von einer Wärmequelle abgegeben wird.

Formelzeichen: $P$
Einheit: 1 Watt (1 W)

$$P = \frac{Q}{t}$$

Der **Wirkungsgrad** einer Wärmequelle gibt an, welcher Anteil der zugeführten Energie als Wärme abgegeben wird.

Formelzeichen: $\eta$
Angabe in %

$$\eta = \frac{Q_{\text{ab}}}{E_{\text{zu}}}$$

# Volumen- und Temperaturänderung

Wenn sich die Temperatur eines Körpers ändert, ändert sich meist auch sein Volumen. Bei Erhöhung der Temperatur dehnen sich die Körper aus, bei Verringerung ziehen sie sich zusammen.
Wasser ist ein Sonderfall **(Anomalie des Wassers).**
Der Ausdehnungskoeffizient $\gamma$ gibt an, um welchen Teil sich das Volumen eines Körpers bei einer Temperaturänderung um 1 K verändert.

Für die Volumenänderung gilt:
$\Delta V = \gamma \cdot V_0 \cdot \Delta T$
$\gamma$: Ausdehnungskoeffizient
$V_0$: Anfangsvolumen
$\Delta T$: Temperaturänderung
Die Volumenänderung der Gase ist am größten, die der festen Körper am kleinsten.

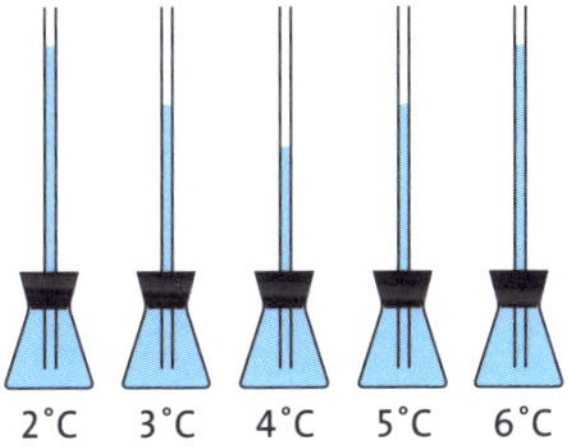


Wasser hat sein kleinstes Volumen bei 4 °C. Es dehnt sich beim Gefrieren aus.

Bei Eisenbahnschienen, Brücken, Oberleitungen ist nur die **Längenänderung** von Bedeutung.
Der Ausdehnungskoeffizient $\alpha$ gibt an, um welchen Teil sich die Länge eines Körpers bei einer Temperaturänderung um 1 K verändert.

Für die Längenänderung gilt:
$\Delta l = \alpha \cdot l_0 \cdot \Delta T$
$\alpha$: Ausdehnungskoeffizient
$l_0$: Anfangslänge
$\Delta T$: Temperaturänderung

## Aggregatzustandsänderung bei Temperaturänderung

Körper können sich im festen, flüssigen oder gasförmigen Aggregatzustand befinden. Der Aggregatzustand kann sich bei Aufnahme oder Abgabe von Wärme ändern. Bei der Änderung eines Aggregatzustandes ändert sich die Temperatur trotz der Aufnahme oder Abgabe von Wärme nicht.

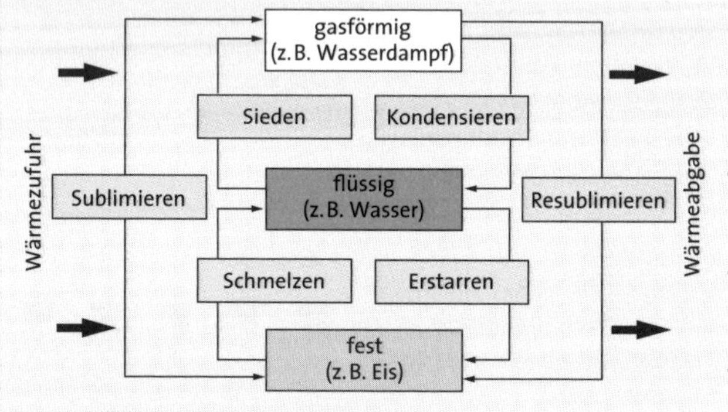


## Schmelzen und Erstarren

Wird einem festen Körper Wärme zugeführt, schmilzt er bei Erreichen der **Schmelztemperatur** und wird flüssig. Wird einer Flüssigkeit Wärme entzogen, erstarrt sie bei Erreichen der **Erstarrungstemperatur** und wird fest. Die Schmelztemperatur sinkt bei Erhöhung des Drucks (Schlittschuhlaufen).

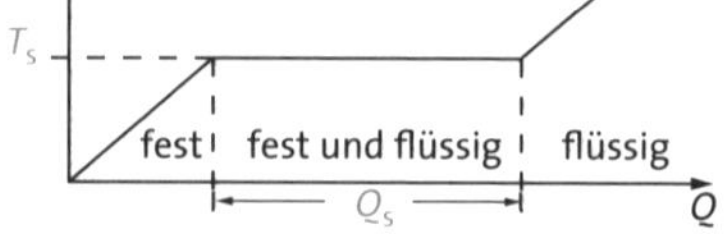


$T_S$: Schmelztemperatur, Erstarrungstemperatur

$Q_S$: Schmelzwärme, Erstarrungswärme

## Sieden und Kondensieren

Wird einer Flüssigkeit Wärme zugeführt, verdampft sie bei Erreichen der **Siedetemperatur** und wird gasförmig. Wird einem Gas (Dampf) Wärme entzogen, kondensiert es bei Erreichen der **Kondensationstemperatur.** Die Siedetemperatur steigt bei Erhöhung des Drucks (Schnellkochtopf).

2

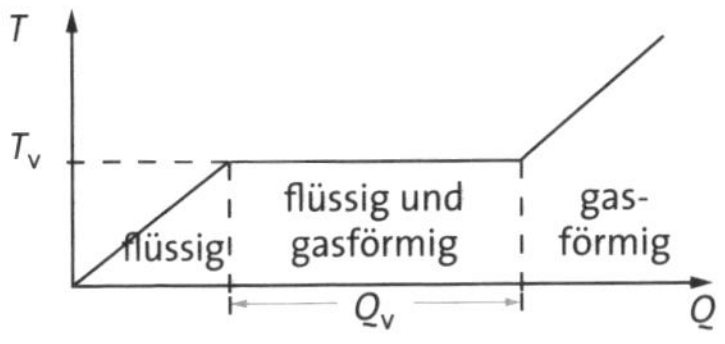


$T_v$ : Siedetemperatur, Kondensationstemperatur

$Q_v$: Verdampfungswärme, Kondensationswärme

## Verdunsten und Sublimieren

Flüssigkeiten können auch unterhalb der Siedetemperatur durch **Verdunsten** in den gasförmigen Aggregatzustand übergehen. Dazu muss Verdunstungswärme aufgewendet werden, wodurch sich die Umgebung abkühlt (Abkühlung beim Schwitzen). Feste Körper können durch **Sublimieren** unmittelbar in den gasförmigen Aggregatzustand übergehen. (Schnee verwandelt sich auch bei anhaltendem Frost in Wasserdampf).

## Zustandsänderung der Gase bei Temperaturänderung

Bei Gasen können sich bei Änderung der Temperatur sowohl das Volumen als auch der Druck ändern.

| **Druck konstant:** | **Volumen konstant:** | **Temperatur konstant:** |
|---|---|---|
| Je höher die Temperatur, desto größer das Volumen. | Je höher die Temperatur, desto größer der Druck. | Je größer der Druck, desto kleiner das Volumen. |
| $V \sim T$ | $p \sim T$ | $V \sim \frac{1}{p}$ |

# Wärmeübertragung

Bei der Übertragung von Energie durch Wärme unterscheidet man **Wärmeleitung, Wärmeströmung** (Konvektion) und **Wärmestrahlung.** Häufig treten die drei Arten zusammen auf.

Maßnahmen zur Verringerung der Wärmeübertragung bezeichnet man als **Wärmedämmung.**

## Wärmeleitung

Hierbei wird Wärme von einem Körper höherer Temperatur zu einem Körper geringerer Temperatur übertragen. Die Wärme wird dabei durch die Körper hindurchgeleitet. Verschiedene Stoffe leiten die Wärme unterschiedlich.

Löffel im heißen Tee wird warm. Wasser in einem Kochtopf wird erhitzt.

Man unterscheidet gute und schlechte Wärmeleiter: Metalle sind gute, Kunststoffe und Luft sind schlechte Wärmeleiter. Die schlechte Wärmeleitfähigkeit von Luft wird bei Dämmstoffen genutzt, die viele Hohlräume enthalten.

Wird die Wärme durch einen Stoff hindurchgeleitet, bezeichnet man dies als **Wärmedurchgang.**

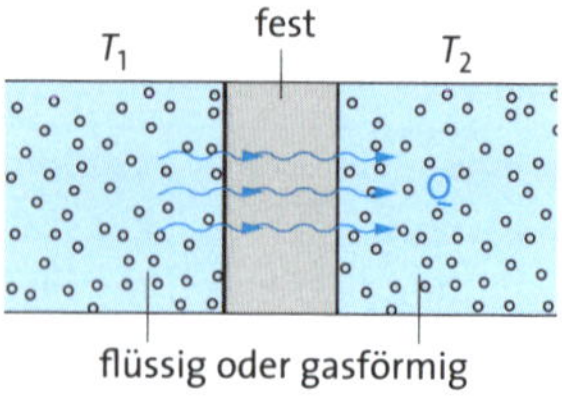


Wärme geht durch die Wand eines Heizkörpers an die Umgebung über.

Als **Wärmeübergang** wird die Art der Wärmeleitung bezeichnet, bei der Wärme von einem zu einem anderen Stoff übergeht.

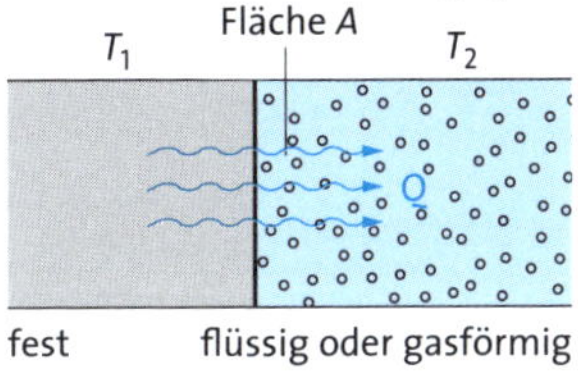


Wärme geht von einer erhitzten Heizspirale zum Wasser über.

## Wärmeströmung

Beim Vorgang der Wärmeströmung wird Wärme durch strömende Flüssigkeiten oder Gase übertragen bzw. transportiert.

In Heizanlagen wird Wärme durch erwärmtes Wasser zu den Heizkörpern transportiert.
Wärmeströmungen in den Ozeanen und in der Atmosphäre beeinflussen unser Klima.

## Wärmestrahlung

Bei Wärmestrahlung wird Energie durch elektromagnetische Wellen (↑ S. 77) übertragen. Für die Übertragung von Wärme durch Wärmestrahlung ist kein Stoff erforderlich.

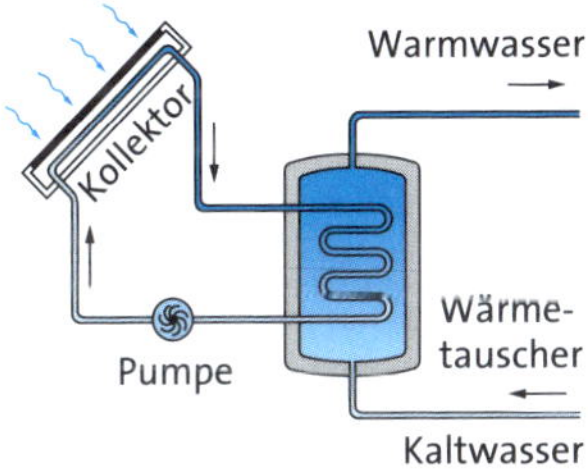


Sonnenkollektoren: Wasser absorbiert die Strahlung und wird dadurch erwärmt.

# Hauptsätze der Wärmelehre und Wärmekraftmaschinen

## 0. Hauptsatz

Bringt man zwei Körper mit unterschiedlichen Temperaturen in engen Kontakt, so gleichen sich die Temperaturen allmählich aus.

Dieses Gesetz wird als Messprinzip bei Thermometern genutzt.

## 1. Hauptsatz

In einem abgeschlossenen System besteht ein Zusammenhang zwischen der Änderung der inneren (thermischen) Energie sowie der Aufnahme oder Abgabe von Wärme und dem Verrichten von mechanischer Arbeit.

Der 1. Hauptsatz der Wärmelehre ist eine spezielle Form des Gesetzes von der Erhaltung der Energie (↑ S. 92).

$\Delta U = W + Q$
$\Delta U$: Änderung der inneren Energie
$W$: mechanische Arbeit
$Q$: aufgenommene oder abgegebene Wärme

## 2. Hauptsatz

Wärme geht niemals von selbst von einem Körper mit niedrigerer (tieferer) Temperatur auf einen Körper höherer Temperatur über.

Beim Fußbad kann man nicht erwarten, dass sich die kalten Füße weiter abkühlen und dabei das warme Wasser noch wärmer wird.

## Wärmekraftmaschinen

Als Wärmekraftmaschinen bezeichnet man Anlagen, deren Wirkungsweise auf den Gesetzen der Wärmelehre beruht.

**Dampfmaschinen** wurden u. a. zum Antrieb von Lokomotiven genutzt.

**Dampfturbinen** werden in Kraftwerken zum Antrieb von Generatoren genutzt.

### Ottomotor

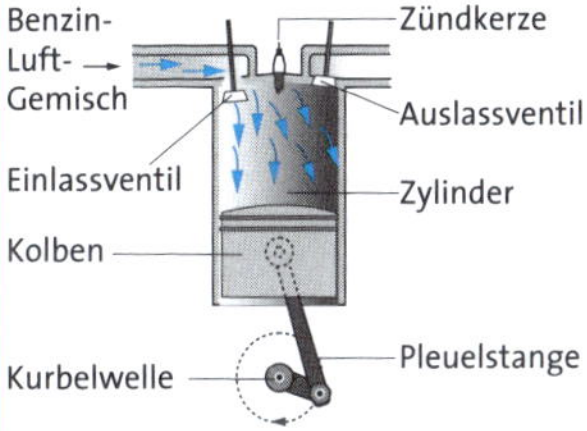


Im Zylinder wird ein Benzin-Luft-Gemisch durch einen Funken gezündet und verbrannt.

### Dieselmotor

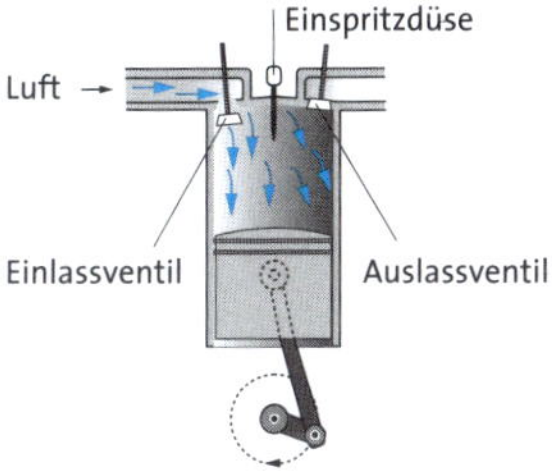


Der Treibstoff wird mittels Pumpe in den Zylinder gespritzt und dort verbrannt.

### Kühlschrank und Wärmepumpe

Die Wärmepumpe wird zur Erwärmung von Wasser und Gebäuden genutzt. Sie hat den gleichen grundsätzlichen Aufbau wie ein Kühlschrank.

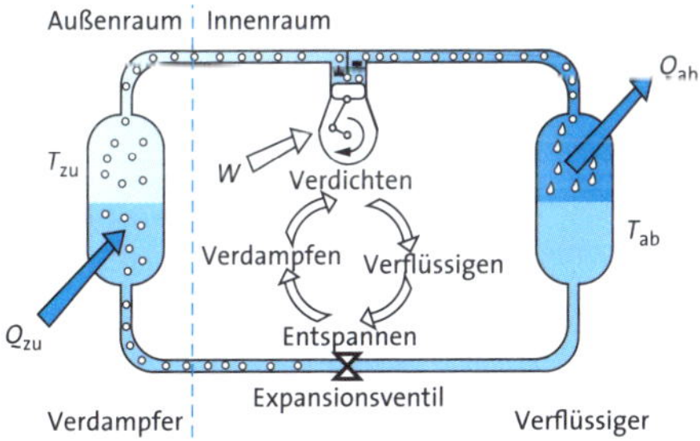

# 3 Optik

## Lichtquellen

Körper, die Licht erzeugen, bezeichnet man als **Lichtquellen.**
Wir sehen Lichtquellen sowie beleuchtete Körper, die auftreffendes Licht zurückwerfen (reflektieren).

Die Sonne, unsere wichtigste Wärmequelle, ist auch die wichtigste Lichtquelle. Ohne Wärme und Licht wäre kein Leben auf der Erde möglich.

## Lichtausbreitung

Von einer Lichtquelle breitet sich Licht im Raum geradlinig nach allen Seiten aus, sofern es daran nicht gehindert wird.

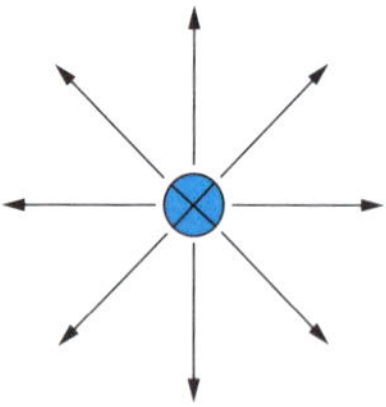

Das von einer Lichtquelle ausgehende Licht bezeichnet man als **Lichtbündel.**
Die geradlinige Ausbreitung des Lichtes veranschaulichen **Lichtstrahlen.**

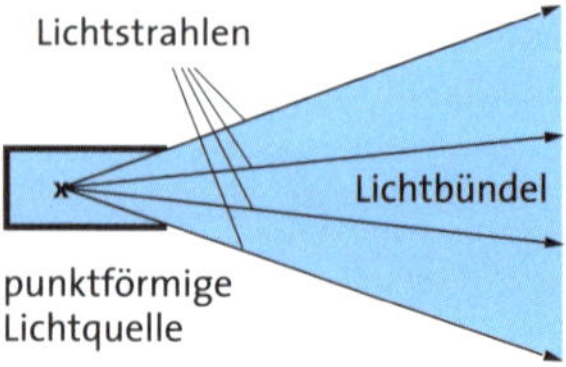

Wenn Licht auf einen Körper trifft, wird ein Teil hindurchgelassen, ein Teil verschluckt (absorbiert) und ein Teil reflektiert.

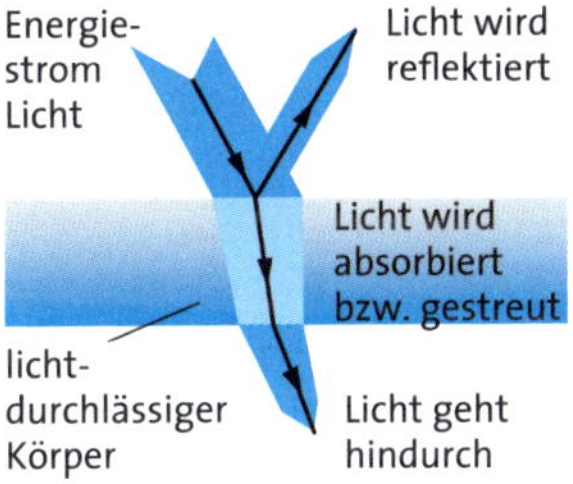


## Lichtgeschwindigkeit

Die Geschwindigkeit, mit der sich das Licht ausbreitet, wird als Lichtgeschwindigkeit bezeichnet. Die Lichtgeschwindigkeit im Vakuum ist eine wichtige **Naturkonstante** und beträgt
$c$ = 299 792,458 km/s.

Erstmals wurde die Lichtgeschwindigkeit 1675 vom Dänen Olaf Römer bei astronomischen Messungen ermittelt. Die erste Messung der Lichtgeschwindigkeit auf der Erde gelang erst etwa 175 Jahre später.

Die Lichtgeschwindigkeit hängt vom Stoff ab, in dem sich das Licht ausbreitet. In allen Stoffen, auch in Luft, ist sie kleiner als im Vakuum. Einen Stoff, in dem sich das Licht schneller (langsamer) als in einem anderen ausbreitet, bezeichnet man als **optisch dünneren** (dichteren) **Stoff.**

Lichtgeschwindigkeiten in Stoffen:
Glas: ≈ 180 000 km/s
Wasser: ≈ 225 000 km/s
Luft: ≈ 300 000 km/s
(aber kleiner als im Vakuum)

Die Lichtgeschwindigkeit in Glas ist von der Glassorte abhängig.

# Reflexion des Lichts

An glatten Oberflächen (z. B. Spiegeln) wird Licht in eine bestimmte Richtung, an rauen Oberflächen (z. B. Wänden) in verschiedene Richtungen zurückgeworfen. Man bezeichnet diese Vorgänge als **reguläre** oder als **diffuse Reflexion.**

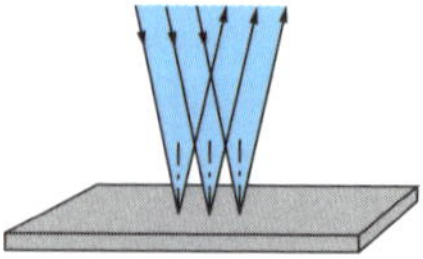
reguläre Reflexion

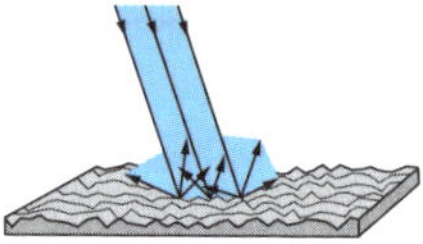
diffuse Reflexion

## Reflexionsgesetz

Wenn Licht reflektiert wird, so ist der Einfallswinkel $\alpha$ gleich dem Reflexionswinkel $\alpha'$. Dabei liegen der einfallende Strahl, das Einfallslot und der reflektierte Strahl in einer Ebene.

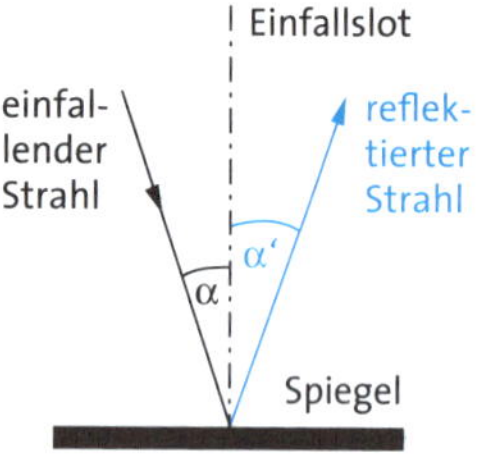


$\alpha = \alpha'$

# Brechung des Lichts

Wenn Licht auf die Grenzfläche zweier Körper trifft, ändert sich seine Ausbreitungsrichtung. Diesen Vorgang bezeichnet man als **Brechung des Lichts.**

Wenn Licht von Luft in Glas übergeht, wird es an der Grenzfläche zum Lot hin gebrochen.

## Brechungsgesetz

Wie das Licht gebrochen wird, hängt von den Lichtgeschwindigkeiten in den beteiligten Stoffen ab. Für die Grenzfläche zweier Stoffe gilt das **Brechungsgesetz.** Bei Übergang in ein optisch dichteres Medium (z. B. von Luft in Wasser) wird das Licht zum Lot hin gebrochen ($c_2 < c_1$, $\beta < \alpha$).

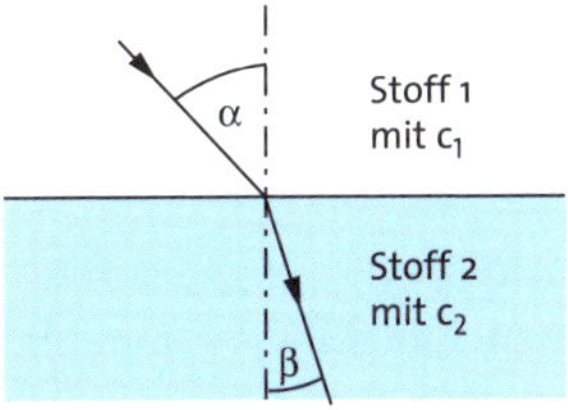


$$\frac{\sin\alpha}{\sin\beta} = \frac{c_1}{c_2} = n$$

$c_1$, $c_2$: Lichtgeschwindigkeiten
$n$: Brechzahl (= Verhältnis der Lichtgeschwindigkeiten in zwei Stoffen)

## Totalreflexion

Tritt Licht von Wasser oder Glas in Luft über, so wird es vom Einfallslot weg gebrochen ($\beta > \alpha$). Überschreitet der Einfallswinkel $\alpha$ einen bestimmten Wert (Grenzwert, bei Glas ca. 42°), so wird das gesamte einfallende Licht an der Grenzfläche reflektiert. Diesen Vorgang nennt man **Totalreflexion des Lichts.** Die Totalreflexion wird bei Prismen und Lichtleitkabeln genutzt.

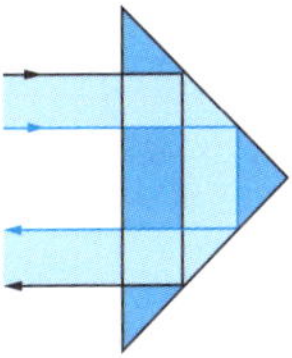

Beim **Umkehrprisma** wird durch zweifache Totalreflexion das Licht umgekehrt.

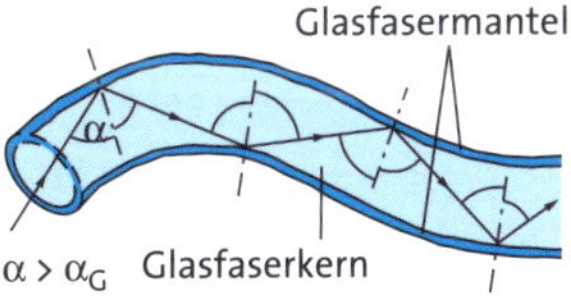


In einer Glasfaser wird Licht mehrmals totalreflektiert.

# Spiegel

## Reflexion

Trifft Licht auf einen **ebenen Spiegel (Planspiegel)**, so wird es nach dem Reflexionsgesetz (↑ S. 44) zurückgeworfen.

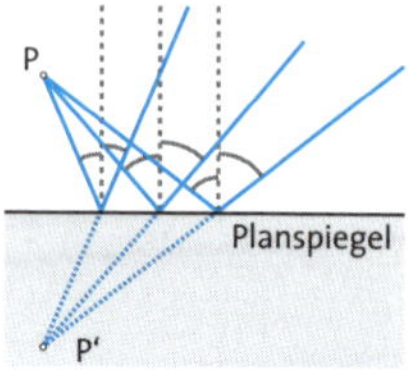


An **gekrümmten Spiegeln** wird jeder einzelne Lichtstrahl aufgrund der unterschiedlichen Einfallswinkel in eine andere Richtung reflektiert.

- Beim **Hohlspiegel** (Konkavspiegel) wird paralleles Licht durch Reflexion in einem Punkt, dem **Brennpunkt F** (lateinisch: focus), konzentriert.
Umgekehrt gilt: Geht Licht vom Brennpunkt selbst aus, so wird es als paralleles Licht reflektiert.
- Beim **Wölbspiegel** (Konvexspiegel) bildet das parallele Licht nach der Reflexion einen divergenten Lichtkegel.

parabolischer Hohlspiegel: Autoscheinwerfer
kugelförmiger Hohlspiegel: Kosmetikspiegel
kugelförmiger Wölbspiegel: Weihnachtsbaumkugel

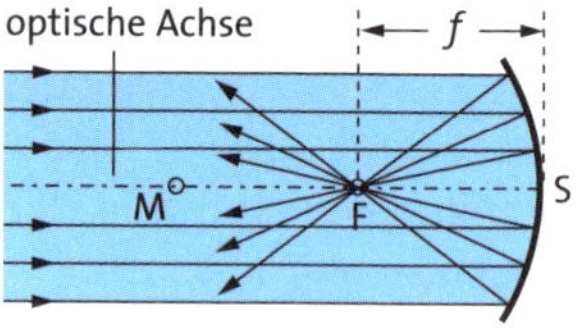


Dies gilt streng nur für parabolförmige und nicht für kugelförmige Hohlspiegel.

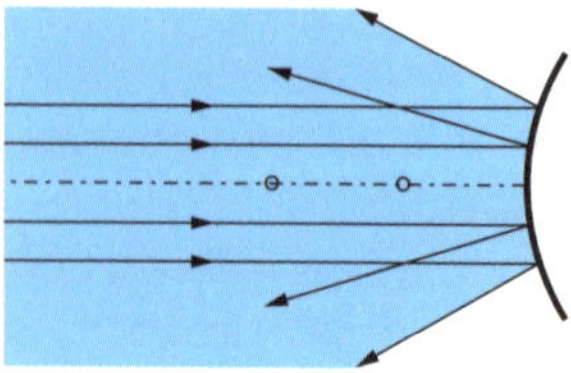

## Sonnenofen

Die Konzentration parallelen Lichts durch Reflexion am Hohlspiegel wird beim Sonnenofen genutzt. Sonnenlicht wird mithilfe ebener Spiegel als paralleles Licht auf einen Hohlspiegel geleitet. Von dessen Oberfläche wird es zum Brennpunkt reflektiert, in dem Temperaturen von über 3000 °C entstehen können.

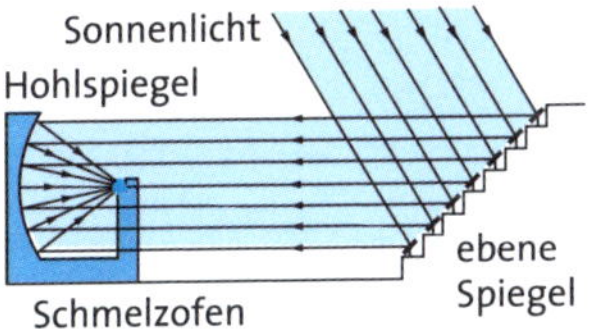


Nutzung von Solaranlagen zur Erwärmung von Brauchwasser in Haushalten oder Wasser in Schwimmbädern

## Bilder am ebenen Spiegel

Das Licht, das von einem Gegenstand vor einem ebenen Spiegel ausgeht, wird reflektiert und es entsteht das Spiegelbild. Für ebene Spiegel gilt:

- Gegenstand und Bild (hinter dem Spiegel) sind bezüglich des Spiegels symmetrisch (gleich groß, gleich weit entfernt, gleiche Lage).
- Es entsteht ein virtuelles Bild.

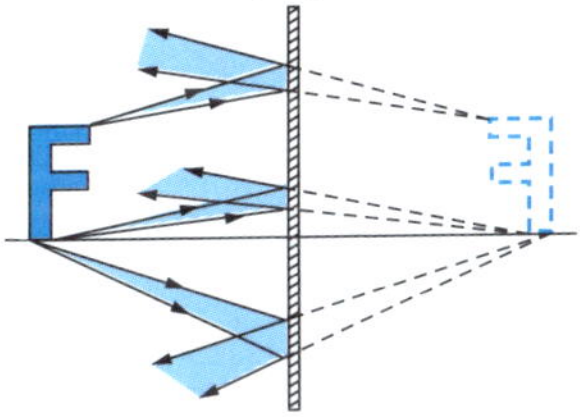


Konstruiert man den Strahlenverlauf für jeden Punkt des Gegenstandes, so erhält man sein Spiegelbild.

## Bilder am Hohlspiegel

Um die Entstehung eines Bildes am Hohlspiegel zu verstehen, betrachtet man die Reflexion bestimmter Lichtstrahlen.

- **Parallelstrahlen** werden so reflektiert, dass sie Brennpunktstrahlen werden (↑ S. 46).
- **Brennpunktstrahlen** werden so reflektiert, dass sie Parallelstrahlen werden (↑ S. 46).
- **Mittelpunktstrahlen** werden so reflektiert, dass sie Mittelpunktstrahlen bleiben.

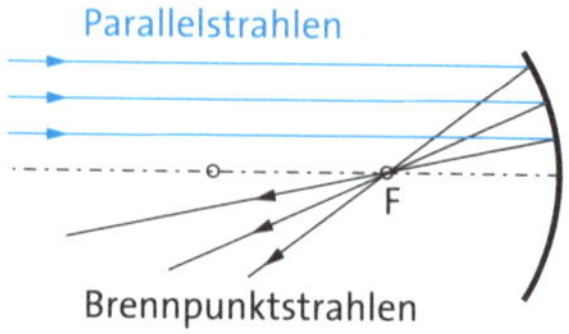


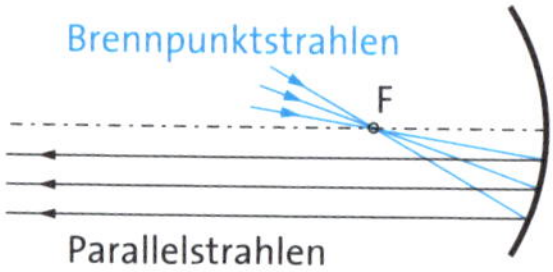


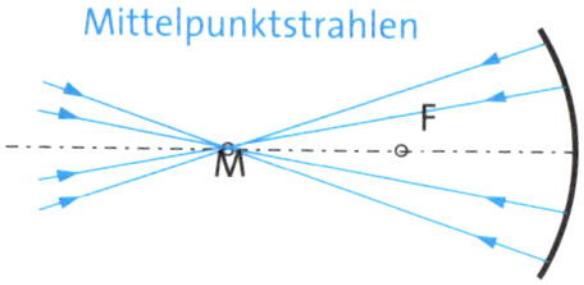


Zur Ermittlung des Bildes eines Gegenstandes werden von Punkten des Gegenstands Bildpunkte konstruiert.
Je nach Position des Gegenstands innerhalb oder außerhalb der Brennweite können verkleinerte, gleich große, vergrößerte sowie umgekehrte oder seitenvertauschte Bilder entstehen.

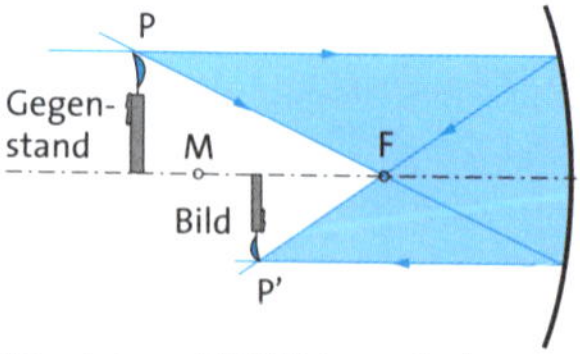


Hier ist das Bild kleiner als der Gegenstand.

außerhalb der Brennweite: reelles Bild; innerhalb der Brennweite: virtuelles Bild
Am Hohlspiegel kann ein virtuelles vergrößertes Bild entstehen (Kosmetikspiegel).

# Optische Linsen



## Sammellinsen

Linsen sind lichtdurchlässig. Sie bestehen meist ,aus Glas oder Kunststoff und haben unterschiedliche Formen.
Linsen, die paralleles Licht durch Brechung im Brennpunkt sammeln, bezeichnet man als Sammellinsen **(Konvexlinsen).**

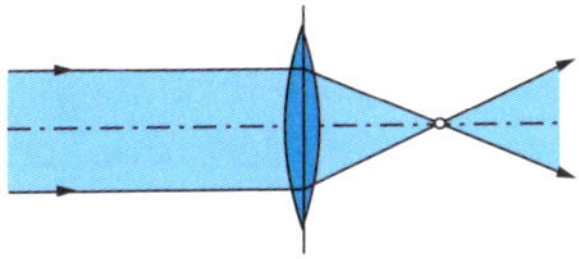

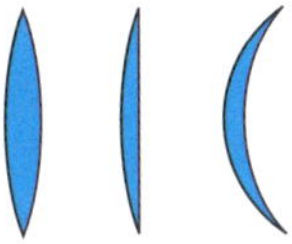

## Zerstreuungslinsen

Linsen, die paralleles Licht durch Brechung in auseinander laufende Richtungen lenken, bezeichnet man als Zerstreuungslinsen **(Konkavlinsen).**

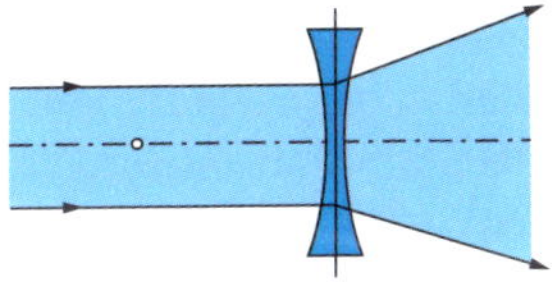

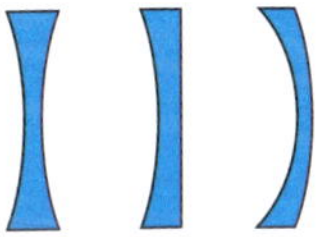

Beim Durchgang durch eine Linse wird das Licht an beiden Grenzflächen gebrochen. Bei dünnen Linsen kann man die zweimalige Brechung vernachlässigen.

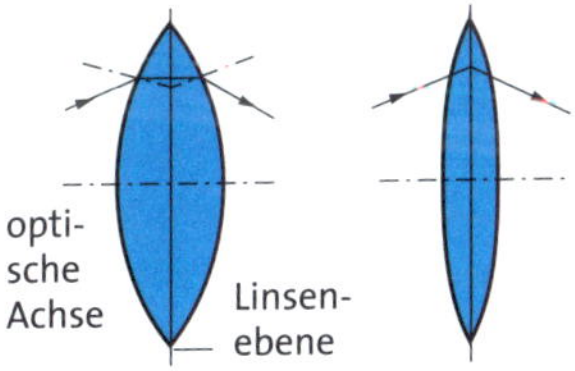

## Brechung und Bildentstehung an Sammellinsen

Je nach Krümmung besitzen die **Sammellinsen** unterschiedliche **Brennweiten *f*.** Das ist der Abstand zwischen der Linsenebene und dem Brennpunkt F.

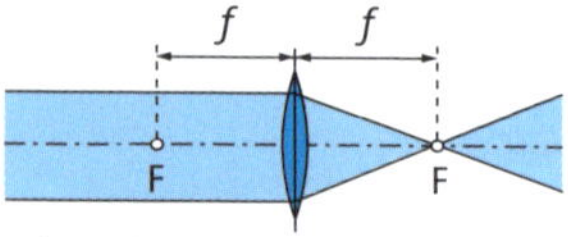


schwache Krümmung

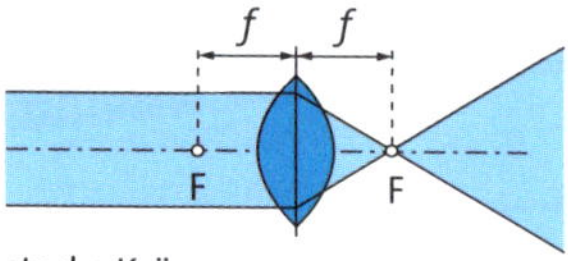


starke Krümmung

Ein **Parallelstrahl** wird so gebrochen, dass er durch den Brennpunkt verläuft, ein **Brennpunktstrahl** so, dass er parallel zur optischen Achse verläuft. Ein **Mittelpunktstrahl** wird nicht gebrochen.

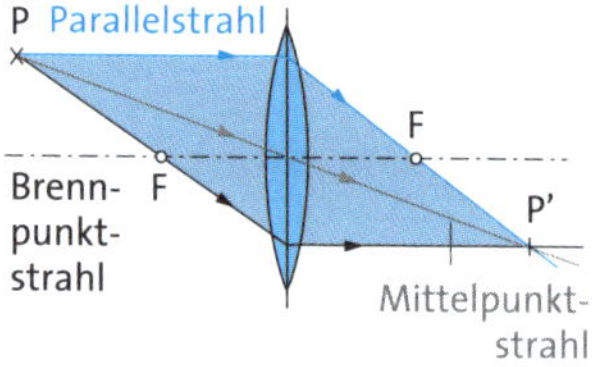


Um das **Bild eines Gegenstandes** zu konstruieren, zeichnet man Lichtstrahlen, die von Punkten des Gegenstandes ausgehen. Der Schnittpunkt zweier Strahlen, die vom gleichen Punkt des Gegenstandes ausgehen, ist der **Bildpunkt.**

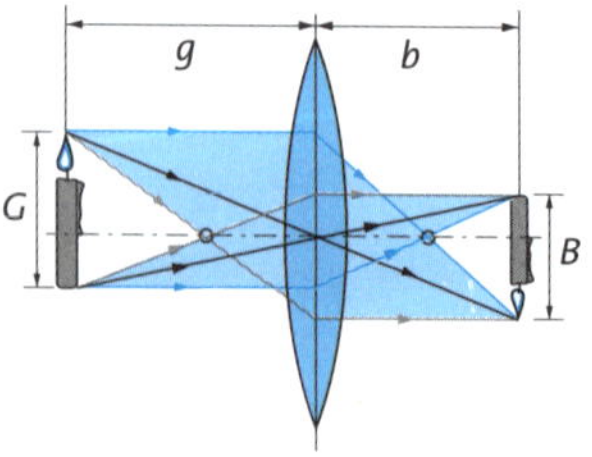


*g*: Gegenstandsweite
*b*: Bildweite
*G*: Gegenstandsgröße
*B*: Bildgröße

Für die Bildentstehung an dünnen Sammellinsen gilt die **Linsengleichung** (1). Für den **Abbildungsmaßstab** gilt (2).

$$(1)\ \frac{1}{f} = \frac{1}{g} + \frac{1}{b}$$

$$(2)\ \frac{G}{B} = \frac{g}{b}$$

Die Bildgröße ist von der Entfernung des Gegenstandes von der Linse abhängig.

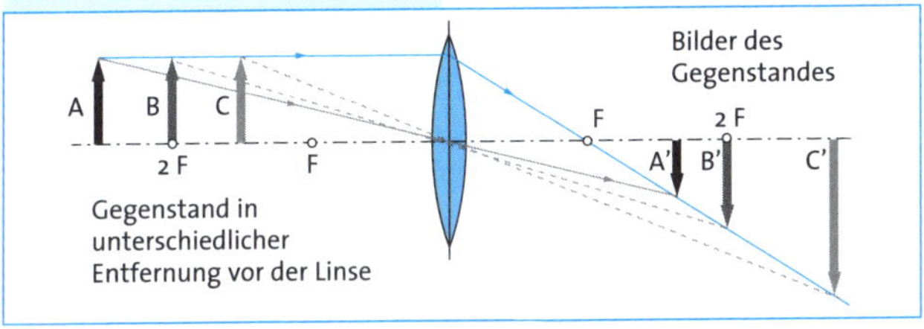




## Arten der Bildentstehung

| Ort des Gegenstandes | Bildkonstruktion | Eigenschaften des Bildes |
|---|---|---|
| außerhalb der doppelten Brennweite | 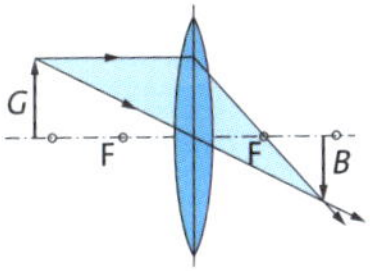  | verkleinert, umgekehrt, reell |
| zwischen einfacher und doppelter Brennweite | 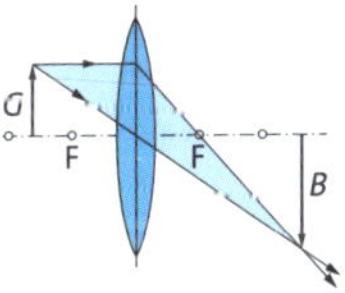  | vergrößert, umgekehrt, reell |
| innerhalb der einfachen Brennweite | 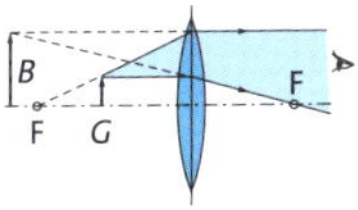  | vergrößert, aufrecht, virtuell |

# Optische Geräte

Mithilfe eines Linsensystems **(Objektiv)** wird beim **Fotoapparat** das Bild eines Gegenstandes erzeugt und auf dem Film oder einem lichtempfindlichen elektronischen Bauelement gespeichert.

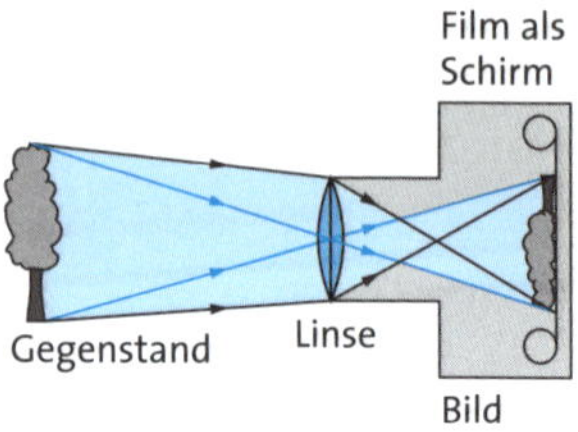


Beim **Projektor** werden mithilfe eines Objektivs vergrößerte Bilder (z. B. eines Dias oder einer Projektionsfolie) auf einer Leinwand erzeugt. Ein als **Kondensor** bezeichnetes Linsensystem sorgt für eine gute Ausleuchtung des abzubildenden Gegenstandes.

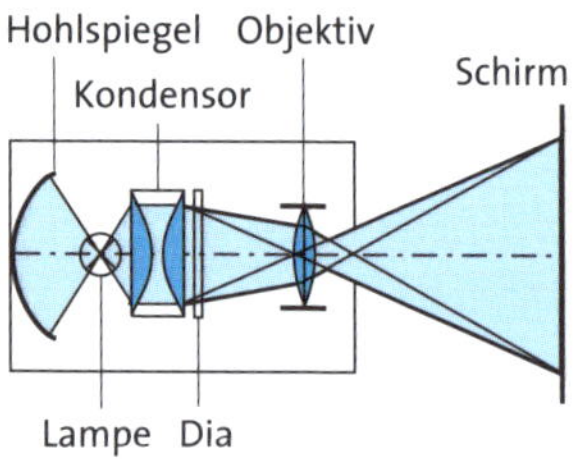


**Lupen** dienen dazu, um Gegenstände vergrößert zu sehen. Das Bild des Gegenstandes wird mit der Lupe unter einem größeren Winkel **(Sehwinkel)** als mit bloßem Auge gesehen.

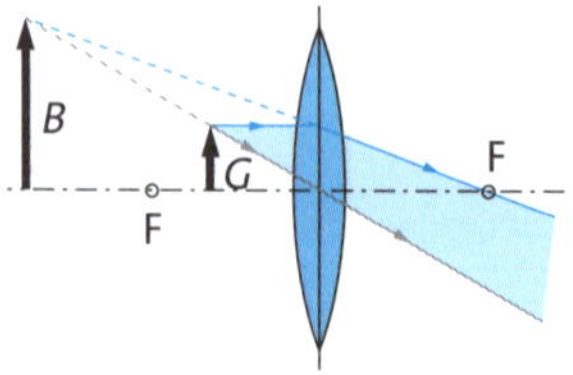

Mit dem **Mikroskop** werden sehr kleine Gegenstände vergrößert. Mit dem **Objektiv** wird ein Zwischenbild des Gegenstandes erzeugt. Dieses wird durch das **Okular** (Augenlinse) betrachtet. Das Okular wirkt wie eine Lupe.

Der Gegenstand befindet sich zwischen einfacher und doppelter Brennweite des Objektivs, das vergrößerte Zwischenbild innerhalb der einfachen Brennweite des Okulars. Es kommt zu einer nochmaligen Vergrößerung. Die Vergrößerung hängt von den Brennweiten der beiden Linsensysteme ab.

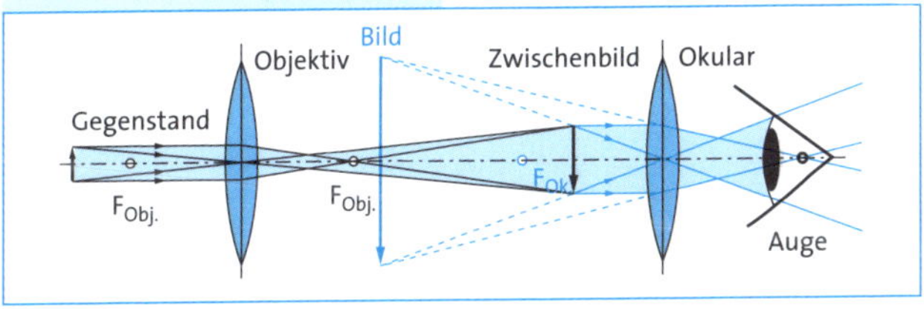


Wie beim Mikroskop wird beim **Fernrohr** das Zwischenbild durch das Okular betrachtet.
Das Bild wird unter einem größeren Sehwinkel als der Gegenstand mit bloßem Auge gesehen.

Der Gegenstand befindet sich außerhalb der doppelten Brennweite des Objektivs. Wie beim Mikroskop hängt die Vergrößerung von den Brennweiten der beiden Linsensysteme ab.

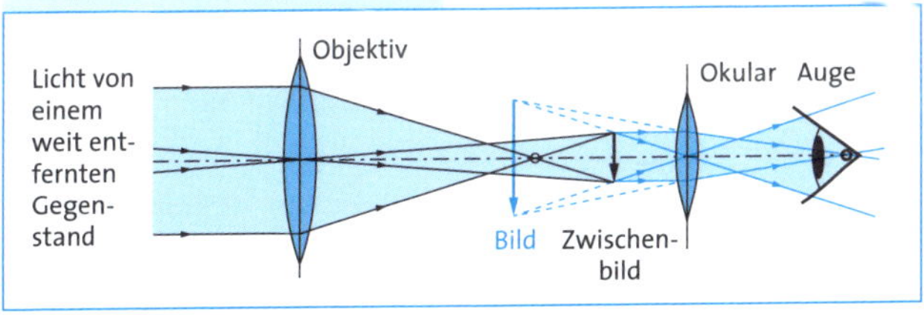

## Auge

Das Licht, das durch die Pupille ins Auge fällt, wird durch die Augenlinse so gebrochen, dass auf der Netzhaut ein verkleinertes Bild des Gegenstands entsteht. Damit das Bild auf der Netzhaut scharf ist, passt sich die Augenlinse unwillkürlich durch Veränderung ihrer Krümmung der Entfernung des Gegenstands vom Auge an.

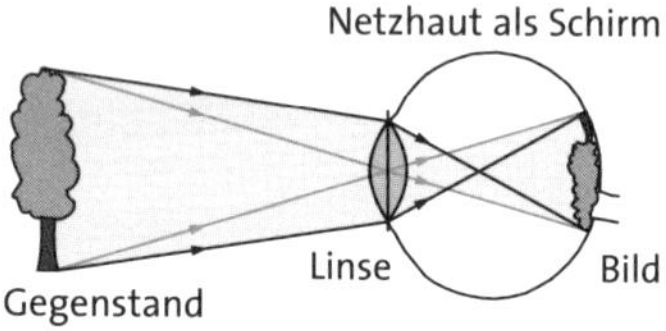


## Sehfehler und Sehhilfen

Sehfehler können meist durch Sehhilfen (Brillen, Kontaktlinsen) korrigiert werden. Kurzsichtigkeit wird mit Zerstreuungslinsen, Weitsichtigkeit mit Sammellinsen korrigiert. Je größer ein Sehfehler ist, desto größer muss der Brechwert der Brillengläser (Dioptrien) sein.

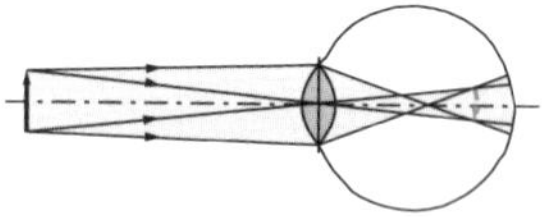

kurzsichtiges Auge

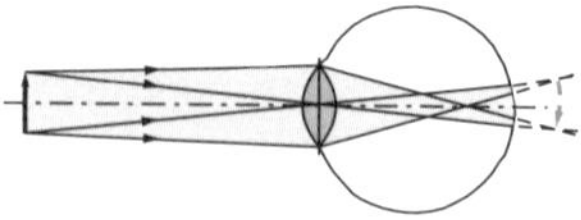

weitsichtiges Auge

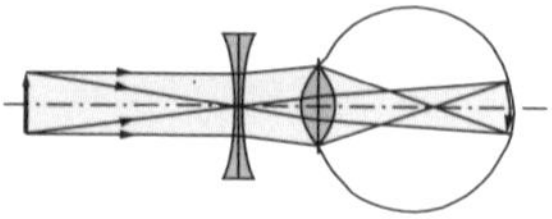

Korrektur der Kurzsichtigkeit

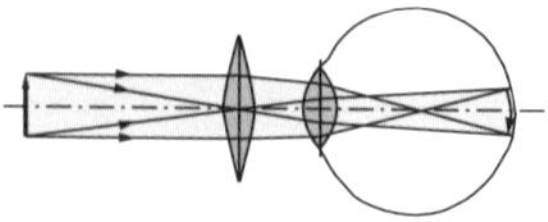

Korrektur der Weitsichtigkeit

# Welleneigenschaften des Lichts



## Licht als Welle

Eine Anzahl optischer Erscheinungen ist nur erklärbar, wenn man annimmt, dass sich das Licht wie eine Welle ausbreitet.
Lichtwellen sind elektromagnetische Wellen (↑ S. 77). Sie breiten sich in Stoffen und im Vakuum aus, transportieren Energie, aber keinen Stoff.

Wie mechanische Wellen (↑ S. 30) besitzen Lichtwellen eine Frequenz *f*, eine Wellenlänge λ und eine Ausbreitungsgeschwindigkeit *c* (Lichtgeschwindigkeit).
Es gilt: $c = f \cdot \lambda$

## Vergleich von Lichtwellen und Schallwellen

| Schallwellen | Lichtwellen |
|---|---|
| mechanische Wellen | elektromagnetische Wellen |
| Schallträger zur Ausbreitung erforderlich | Ausbreitung im Vakuum möglich |
| Reflexion, Brechung und Beugung möglich | Reflexion, Brechung und Beugung möglich |
| Frequenz bestimmt die Tonhöhe | Frequenz bestimmt die Lichtfarbe |
| Amplitude bestimmt die Lautstärke | Amplitude bestimmt die Lichtintensität |

## Beugung des Lichts

Trifft Licht auf einen schmalen Spalt oder eine Kante, so breitet es sich nach diesem Hindernis in alle Richtungen aus. Dies bezeichnet man als Beugung des Lichts. In den Schattenräumen ist die Lichtintensität jedoch meist gering.

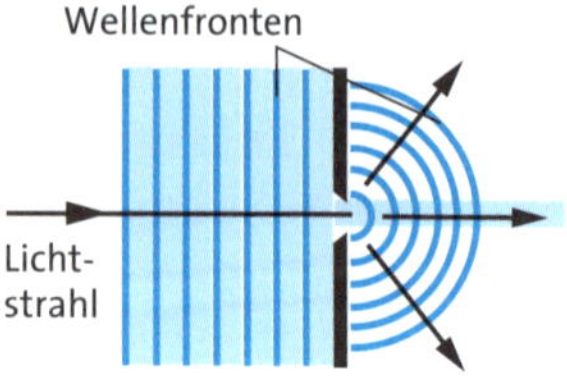


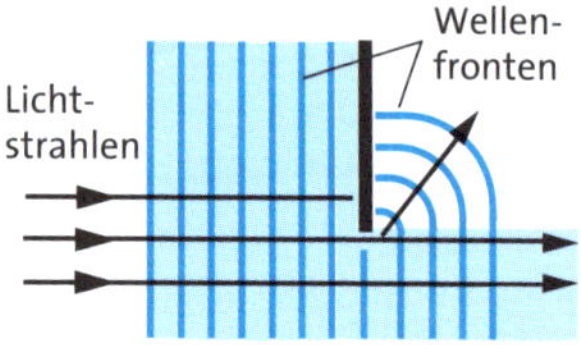


## Interferenz des Lichts

Lichtwellen, die von der gleichen Lichtquelle stammen, können sich überlagern. Dabei kommt es im Gebiet der Überlagerung der Lichtwellen zu Verstärkungen und Auslöschungen des Lichts, den typischen Interferenzerscheinungen (Interferenzstreifen).
Je größer die Wellenlänge des Lichts ist, desto größer ist der Abstand zwischen den Interferenzstreifen.

Interferenzfähiges Licht entsteht durch Beugung einfarbigen Lichts einer Lichtquelle an einem Doppelspalt. Auf einem Schirm erscheinen die Gebiete der Verstärkung als helle Interferenzstreifen.

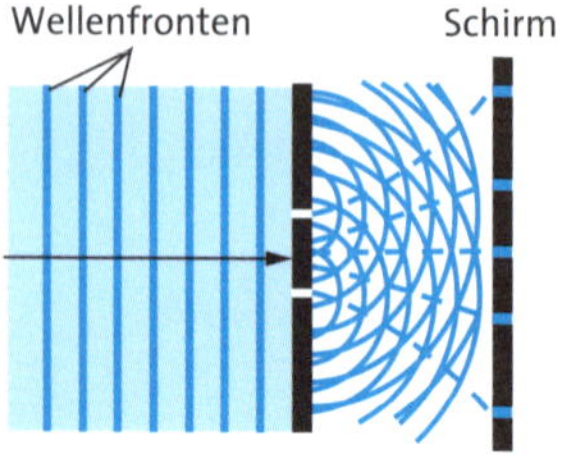

## Dispersion des Lichts

Breitet sich weißes Licht in einem Prisma aus, so entsteht durch die Brechung an den Grenzflächen ein Farbband. Dieses wird als **Spektrum** bezeichnet.
Je kleiner die Wellenlänge des Lichts, desto stärker wird es gebrochen.
Die Zerlegung des Lichts in Farben bezeichnet man als **Dispersion.**

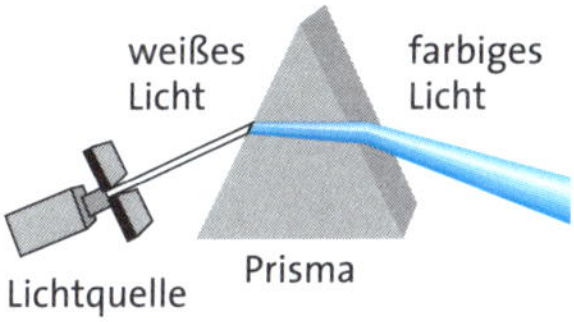


Weißes Licht besteht aus den **Spektralfarben** Rot, Orange, Gelb, Grün, Blau und Violett.

Bei der Zerlegung des Lichts erhält man verschiedenartige Spektren. Glühende feste Körper und Flüssigkeiten erzeugen **kontinuierliche Spektren.** Leuchtende Gase senden **Linienspektren** aus.

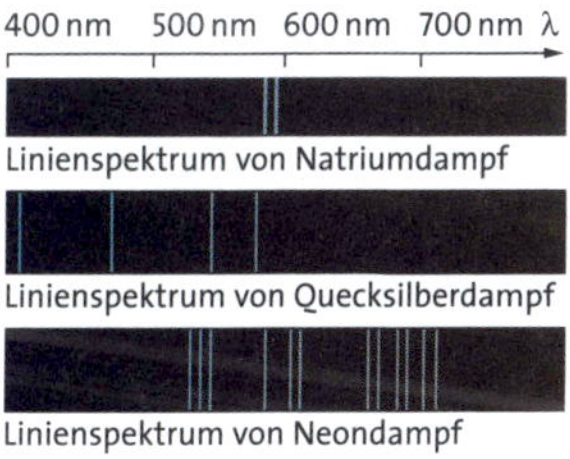


Aus der Anzahl und der Farbe der Spektrallinien kann man auf die Art des Gases schließen (**Spektralanalyse**).

Ursache für das Entstehen eines **Regenbogens** ist die Dispersion des Lichts durch Brechung beim Durchdringen von Wassertropfen.

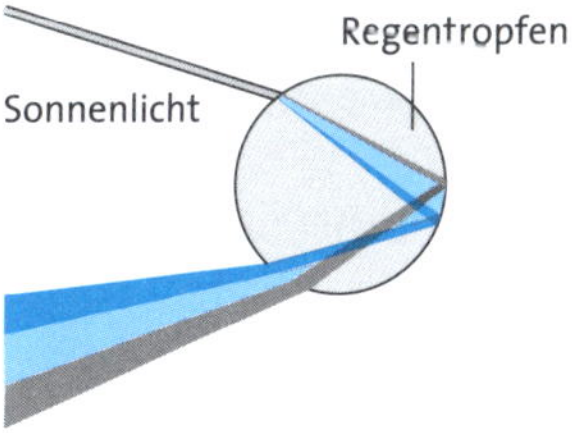

# 4 Elektrizitätslehre

## Elektrische Ladung

Die neutralen Atome bestehen aus Atomkern und Atomhülle (↑ S. 84). Träger der elektrischen Ladung in der Atomhülle sind die **Elektronen.** Jedes Elektron hat die gleiche negative elektrische Ladung, die **Elementarladung *e*.** Negativ geladene Körper haben einen **Elektronenüberschuss.** Positiv geladene Körper haben einen **Elektronenmangel.**

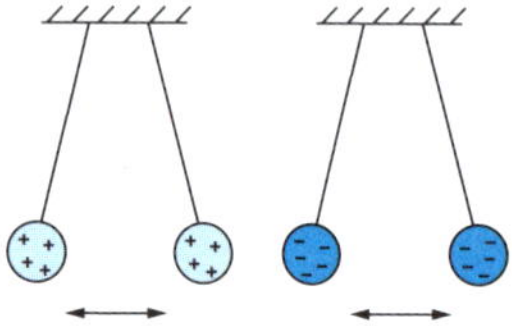

Gleichartig geladene Körper stoßen sich ab.

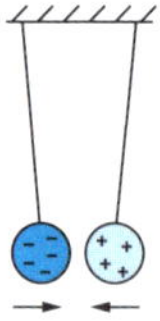

Ungleichartig geladene Körper ziehen sich an.

Die **elektrische Ladung** eines Körpers gibt an, wie groß der Elektronenüberschuss oder der Elektronenmangel ist.
Die Ladung eines Körpers lässt sich berechnen nach:
$Q = N \cdot e$
($N$ = Anzahl der Elementarladungen).

Formelzeichen: $Q$
Einheit: 1 Coulomb (1 C)
$1\ C = 1\ A \cdot s$
Elementarladung:
$e = 1{,}602 \cdot 10^{-19}\ C$

Bei negativer Ladung erhält $Q$ ein negatives Vorzeichen ($Q < 0$), bei positiver Ladung ein positives ($Q > 0$).

# Gleichstromkreis

Elektronen können elektrische Ladung transportieren. Die gerichtete Bewegung von Elektronen bezeichnet man als **elektrischen Strom.**

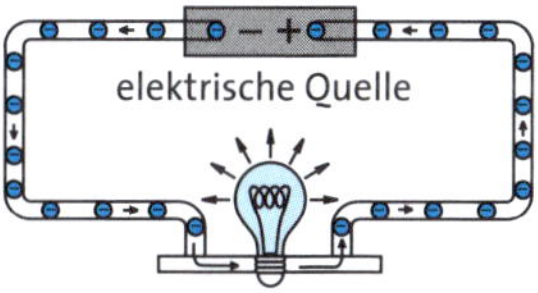


Elektronenbewegung in einem einfachen Stromkreis

Ein **einfacher Stromkreis** besteht aus einer Quelle und einem Bauelement (z.B. einem Elektrogerät). Beide sind durch elektrische Leiter miteinander verbunden. **Spannungsquellen** für elektrische Ladungen sind z.B. Batterien und Generatoren.

Spannungsquellen haben zwei **Pole** (Pluspol und Minuspol). **Gleichstrom** fließt von einem zum anderen Pol. Ändern sich die Pole der Spannungsquelle ständig, so fließt im Stromkreis **Wechselstrom.**



## Unverzweigter und verzweigter Stromkreis

Werden mehrere elektrische Bauelemente zusammengeschaltet, so entstehen unverzweigte oder verzweigte Stromkreise.

**unverzweigter Stromkreis:**

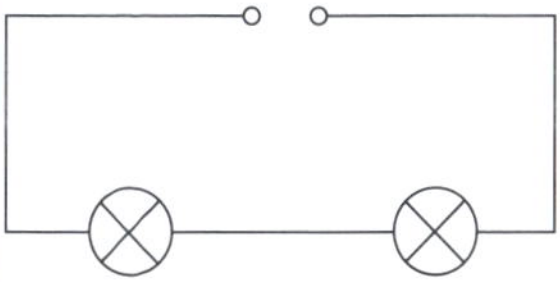

Lampen in Reihe geschaltet

**verzweigter Stromkreis:**

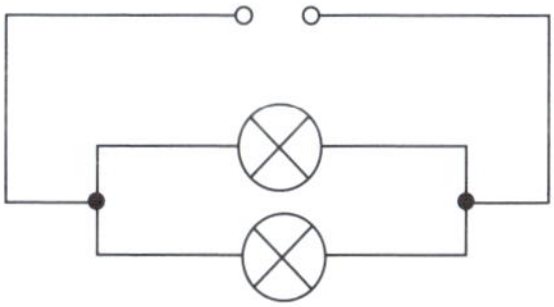

Lampen parallel geschaltet

### Wirkungen des elektrischen Stroms

In den elektrischen Bauelementen ruft der Strom Wirkungen hervor, die Erzeugung von Licht und Wärme.

Lichtwirkung: Glühlampe
Wärmewirkung: Kochplatte
magnetische Wirkung: Elektromagnet
chemische Wirkung: Elektrolyse

## Messgrößen im Stromkreis

### Elektrische Stromstärke

Die elektrische Stromstärke gibt an, wie viel elektrische Ladung sich pro Sekunde durch den Querschnitt eines elektrischen Leiters bewegt.

Formelzeichen: $I$
Einheit: 1 Ampere (1 A)
Teil der Einheit:
1 mA = 0,001 A

$$I = \frac{Q}{t}$$

Die elektrische Stromstärke wird mit Stromstärkemessern **(Amperemeter)** gemessen. Diese werden mit dem elektrischen Bauelement in Reihe geschaltet.
Werden Vielfachmessgeräte verwendet, muss der geeignete Messbereich für die Stromstärke eingestellt werden (↑ S. 65).

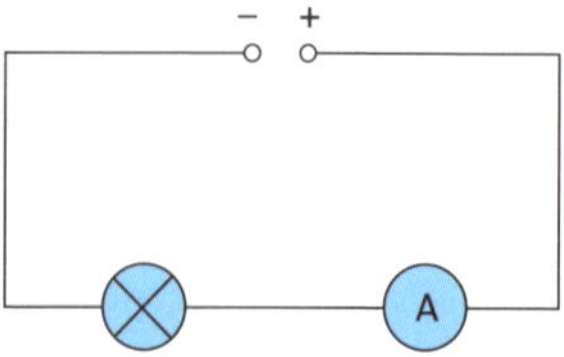


Stromstärken in Natur und Technik:
Radio: 10 mA
Glühlampe: ≈ 0,3 A
E-Lok: 300 A

## Elektrische Spannung

Die elektrische Spannung gibt an, wie stark der Antrieb des elektrischen Stroms durch die Spannungsquelle ist.
Die elektrische Spannung wird mit Spannungsmessern **(Voltmeter)** gemessen. Voltmeter werden mit dem elektrischen Bauelement oder der Spannungsquelle parallel geschaltet.

Formelzeichen: $U$
Einheit: 1 Volt (1 V)
Vielfache der Einheit:
1 kV = 1 000 V
1 MV = 1 000 kV

Spannungen in Natur und Technik:
Fahrraddynamo: 6 V
Steckdose im Haushalt: 230 V
Eisenbahn: 15 kV

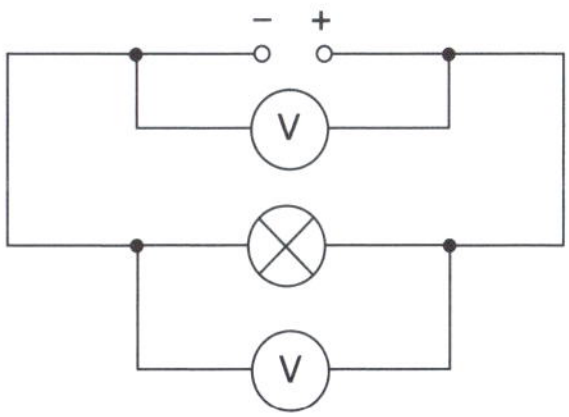


4

## Elektrischer Widerstand

Die metallischen Leiter setzen dem Transport der Elektronen einen Widerstand entgegen, weil diese mit den Bausteinen des Metallgitters zusammenstoßen. Diese Behinderung des elektrischen Stroms bezeichnet man als elektrischen Widerstand.

Formelzeichen: $R$
Einheit: 1 Ohm (1 Ω)

$$1\,\Omega = 1\,\frac{\text{V}}{\text{A}}$$

Vielfache der Einheit:
1 kΩ = 1 000 Ω
1 MΩ = 1 000 kΩ

## Elektrischer Widerstand

Damit der Stromfluss trotz des elektrischen Widerstandes erhalten bleibt, bedarf es einer Spannungsquelle als Antrieb für die Ladungsträger. Der **elektrische Widerstand** eines Bauelements gibt an, welche Spannung notwendig ist, damit ein elektrischer Strom der Stärke 1 A fließt.

Elektrische Widerstände in Natur und Technik:
Glühlampe: 880 Ω
Kabel im Haushalt: 0,1 Ω
Heizung der Waschmaschine: 26 Ω
Körperwiderstand des Menschen: 1200 Ω

Der elektrische Widerstand wird mit Widerstandsmessern **(Ohmmeter)** gemessen. Er kann jedoch auch durch Messung von Spannung und Stromstärke bestimmt werden.

$$R = \frac{U}{I}$$

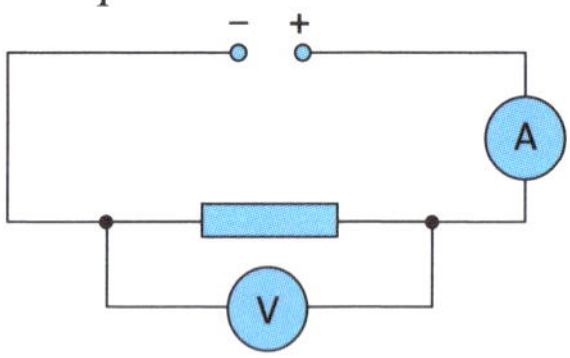


Der **spezifische elektrische Widerstand** ρ eines Leiters gibt an, wie groß der Widerstand eines 1 m langen Leiters mit 1 $mm^2$ Querschnitt ist. Bei Metallen ist er im Allgemeinen umso größer, je höher die Temperatur ist.

$$R = \rho \cdot \frac{l}{A}$$

spezifische elektrische Widerstände bei 20 °C in $\frac{\Omega \cdot mm^2}{m}$:
Kupfer: 0,017
Aluminium: 0,028

Kupfer ist ein besserer elektrischer Leiter als Aluminium.

# Elektrische Energie, Arbeit und Leistung

Die **elektrische Energie** ist die Fähigkeit des elektrischen Stroms, mechanische Arbeit zu verrichten, Wärme abzugeben oder Licht auszustrahlen.
Die elektrische Energie wird mit einem **Kilowattstundenzähler** gemessen.

Formelzeichen: $E_{el}$
Einheit: 1 Joule (1 J)
1 Wattsekunde (1 Ws)
1 J = 1 Ws
Vielfaches der Einheit:
$1\,\text{kWh} = 3{,}6 \cdot 10^6\,\text{Ws}$

Berechnung der umgewandelten elektrischen Energie:
$E_{el} = U \cdot I \cdot t$

Die **elektrische Arbeit** gibt an, wie viel elektrische Energie in andere Energieformen umgewandelt wurde.

Formelzeichen: $W$
Einheit: 1 J = 1 Ws
$W = U \cdot I \cdot t$

Elektrische Arbeit bei einstündigem Betrieb:
Energiesparlampe: 0,015 kWh
Glühlampe: 0,075 kWh
Waschmaschine: 2 kWh

Die **elektrische Leistung** gibt an, wie viel elektrische Energie in 1 s in andere Energieformen umgewandelt wird.
Die elektrische Leistung kann auch mit den Gleichungen $P = U \cdot I$ und $P = I^2 \cdot R$ berechnet werden.

Formelzeichen: $P$
Einheit: 1 Watt (1 W)
Vielfache der Einheit:
1 kW = 1 000 W
1 MW = 1 000 kW

$$P = \frac{W}{t}$$

Elektrische Leistungen in Natur und Technik:
Energiesparlampen: bis 20 W
Autoscheinwerfer: 60 W
Waschmaschine: 2 000 W
Blitz: $10^{13}$ W

## Ohmsches Gesetz

Je größer die Spannung in einem elektrischen Stromkreis ist, desto größer ist auch die Stromstärke.

Für alle Körper gilt bei konstanter Temperatur $U \sim I$, d.h.

$\frac{U}{I}$ = konstant (ohmsches Gesetz).

Die Konstante ist der elektrische Widerstand $R$: $U = R \cdot I$

## Gesetze im unverzweigten und verzweigten Stromkreis

Die meisten elektrischen Stromkreise werden als verzweigte oder unverzweigte Stromkreise geschaltet. Wenn elektrische Bauelemente in Reihe oder parallel geschaltet sind (↑S. 59), gilt:

| **Reihenschaltung** von Bauelementen | **Parallelschaltung** von Bauelementen |
|---|---|
| Stromstärke: $I = I_1 = I_2$ | Stromstärke: $I = I_1 + I_2$ |
| Spannung: $U = U_1 + U_2$ | Spannung: $U = U_1 = U_2$ |
| Widerstände: $R = R_1 + R_2$ | Widerstände: $\frac{1}{R} = \frac{1}{R_1} + \frac{1}{R_2}$ |
| Spannungsteilerregel: $\frac{U_1}{U_2} = \frac{R_1}{R_2}$ | Stromteilerregel: $\frac{I_1}{I_2} = \frac{R_2}{R_1}$ |

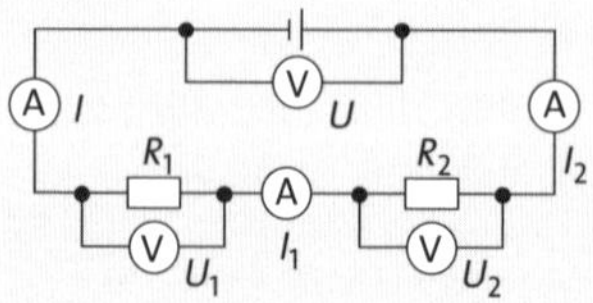


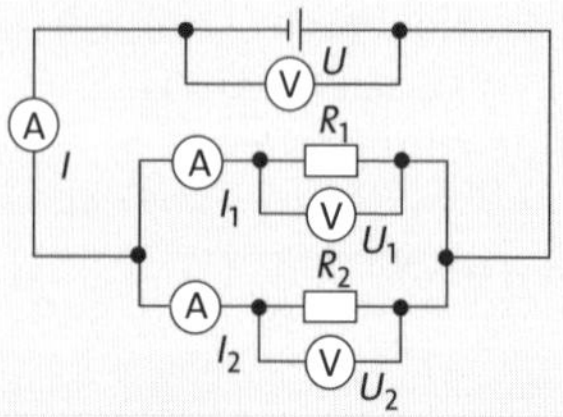

## Messbereichserweiterung

Um sowohl kleine als auch große Beträge von Stromstärke oder Spannung messen zu können, werden die Messbereiche durch parallel oder in Reihe zum Messwerk geschaltete Widerstände entsprechend angepasst.

### Amperemeter

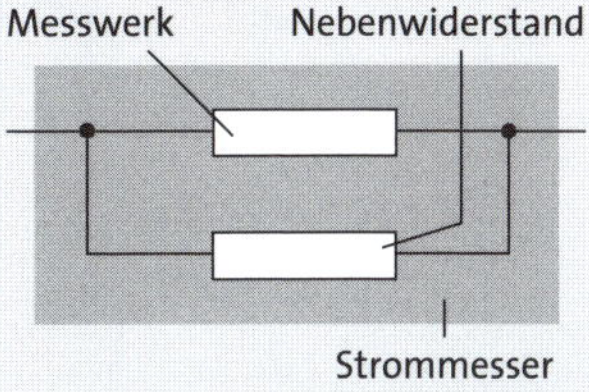


### Voltmeter

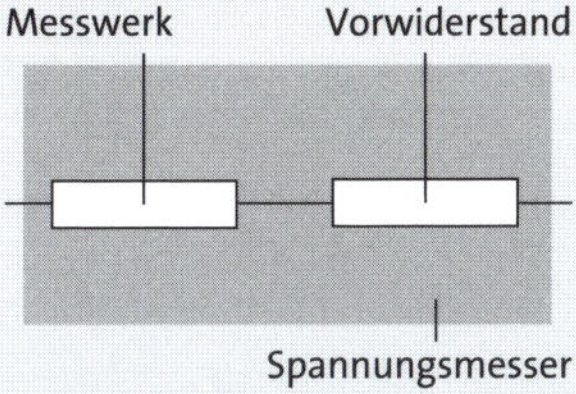




## Innenwiderstände

Spannungsquellen und Messgeräte haben selbst auch einen elektrischen Widerstand, den **Innenwiderstand.** Dieser muss beim Messen berücksichtigt werden.

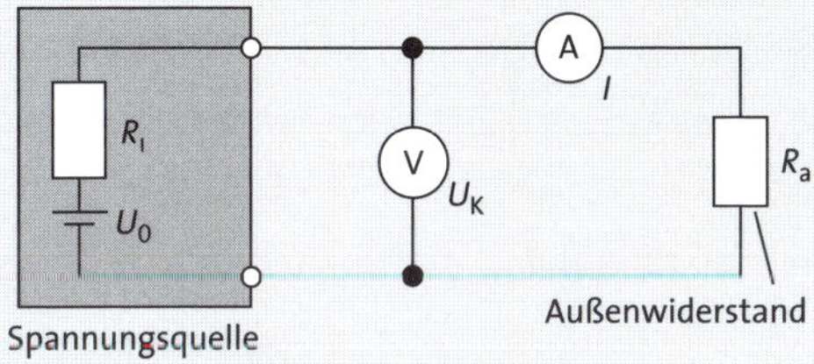


$R_i$: Innenwiderstand der Spannungsquelle
$U_0$: Urspannung der Spannungsquelle
$I$: Stromstärke
$R_a$: Außenwiderstand
$U_K$: Klemmenspannung

$$I = \frac{U_0}{R_i + R_a} \qquad U_k = U_0 - I \cdot R_i$$

# Elektrische und magnetische Felder

## Elektrische Felder

Der Raum um eine elektrische Ladung befindet sich in einem solchen Zustand, dass Kräfte auf elektrisch geladene Körper wirken. Diesen Zustand nennt man **elektrisches Feld.** Ein homogenes elektrisches Feld, z.B. im Plattenkondensator, ist überall gleich stark.

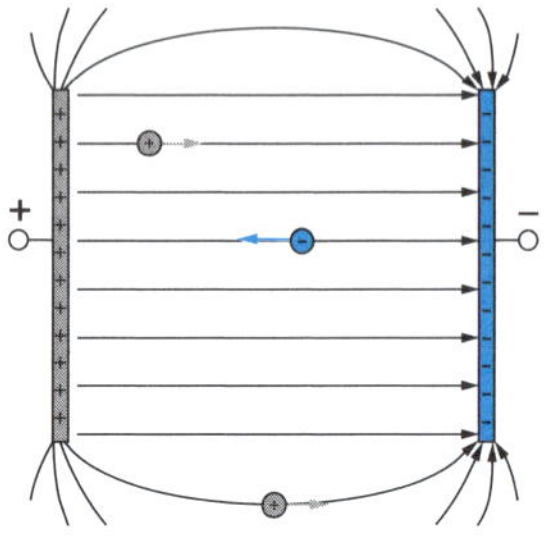

Plattenkondensator

Das **Feldlinienbild** lässt Aussagen über die im elektrischen Feld auf einen geladenen Körper wirkenden Kräfte zu.
Ein inhomogenes elektrisches Feld ist nicht überall gleich stark.

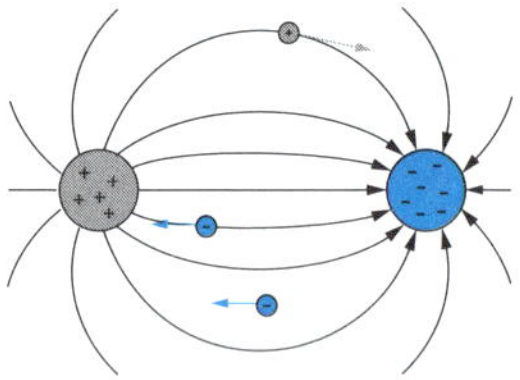
geladene Kugeln

Je dichter die Feldlinien sind, umso größer ist die dort auf einen geladenen Körper wirkende Kraft. Die Richtung der Feldlinien gibt die Kraftrichtung an.

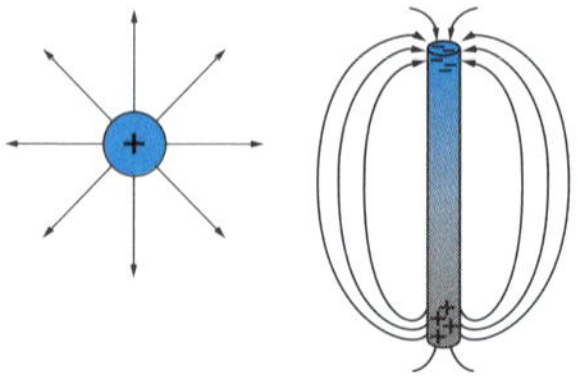
Punktladung    elektrischer Dipol

Die **elektrische Feldstärke** gibt an, wie groß im elektrischen Feld die Kraft auf eine Ladung von 1 C ist.

Formelzeichen: $E$

Einheit: $1\,\frac{\mathrm{N}}{\mathrm{C}} = 1\,\frac{\mathrm{V}}{\mathrm{m}}$

$$E = \frac{F}{Q}$$

Wenn durch die Kraftwirkung im elektrischen Feld ein geladener Körper einen Weg zurücklegt, wird mechanische Arbeit verrichtet. Diese wird durch Umwandlung von elektrischer **Energie des elektrischen Feldes** gewonnen.

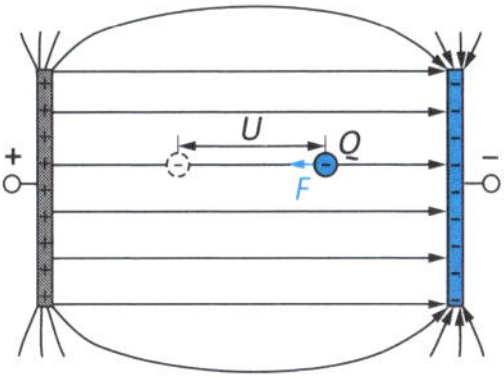


Die verrichtete Arbeit $W$ ist gleich der Änderung der Energie $\Delta E$.

Die gerichtete Bewegung von Ladungsträgern im elektrischen Feld ist ein elektrischer Strom (↑ S. 59). Zum Antrieb der Ladungsträger muss eine Spannung zwischen zwei Punkten des elektrischen Feldes vorhanden sein.

$$I = \frac{Q}{t}$$

$$U = \frac{W}{Q}$$

Die verrichtete Arbeit ist umso größer, je größer die Spannung zwischen zwei Punkten des elektrischen Feldes ist.

Der **Kondensator** ist ein Bauelement zum Speichern von elektrischer Ladung (elektrischer Energie). Schließt man an einen Kondensator eine Gleichspannungsquelle an, so wird er geladen.

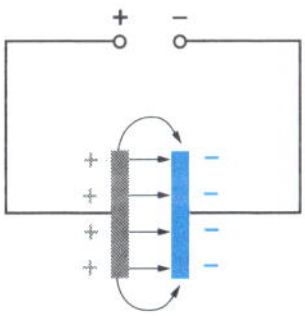


Der Kondensator besteht aus zwei leitenden Schichten, die durch ein **Dielektrikum** getrennt sind.

Die **Kapazität eines Kondensators** gibt an, wie viel elektrische Ladung bei 1 V Spannung gespeichert werden kann.
Die Kapazität hängt vom Aufbau des Kondensators ab. Die Dielektrizitätszahl $\varepsilon_r$ gibt an, wie stark die Kapazität durch das Dielektrikum beeinflusst wird.
Die elektrische Feldkonstante $\varepsilon_0$ ist eine Naturkonstante

Formelzeichen: $C$
Einheit: 1 Farad (1 F)

$$1\ \mathrm{F} = 1\,\frac{\mathrm{C}}{\mathrm{V}}$$

Teile der Einheit:
$1\ \mu\mathrm{F} = 10^{-6}\ \mathrm{F}$
$1\ \mathrm{pF} = 10^{-12}\ \mathrm{F}$

$$C = \frac{Q}{U}$$

Plattenkondensator:

$$C = \varepsilon_0 \cdot \varepsilon_r \cdot \frac{A}{d}$$

*A:* Flächeninhalt einer Platte
*d:* Abstand der Platten
$\varepsilon_r$: Dielektrizitätszahl

$$\varepsilon_0 = 8{,}854 \cdot 10^{-12}\,\frac{C}{V \cdot m}$$

## Magnetische Felder

Magnete ziehen Körper aus Eisen, Nickel oder Kobalt an. Körper, die diese Eigenschaft ständig besitzen, bezeichnet man als **Dauermagnete.** Jeder Magnet hat einen **Nordpol** und einen **Südpol.**

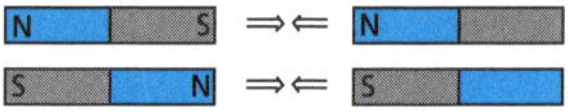


Ungleiche Magnetpole ziehen sich an.

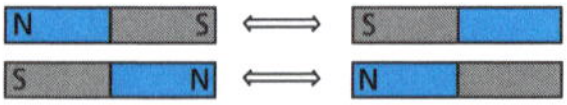


Gleiche Magnetpole stoßen sich ab.

Als **magnetisches Feld** bezeichnet man den Raum um einen Magneten, in dem auf andere Magnete oder magnetisierbare Körper Kräfte ausgeübt werden.

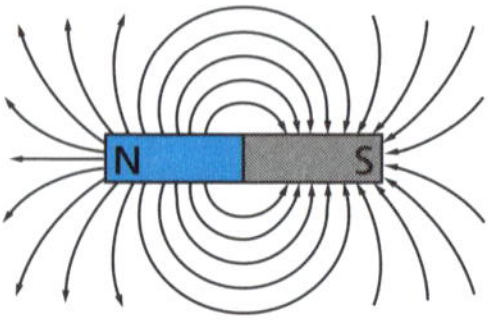


Feldlinienbild eines Stabmagneten

Magnetische Felder stellt man wie elektrische Felder mittels **Feldlinienbildern** dar (↑ S. 66).

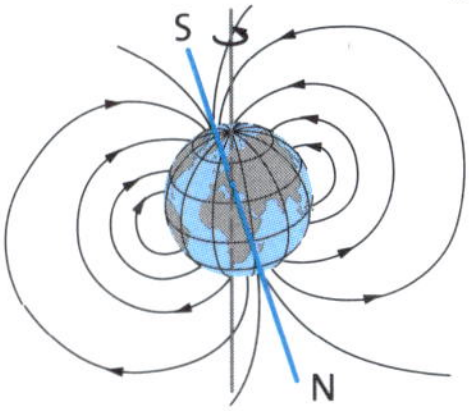

Magnetfeld der Erde

Die Stärke eines Magnetfeldes äußert sich darin, wie groß im magnetischen Feld die Kraft auf einen magnetischen Probekörper ist. Beim Verschieben eines Körpers in einem Magnetfeld wird mechanische Arbeit verrichtet und dabei Energie des Feldes umgewandelt.

Die verrichtete mechanische Arbeit $W$ ist gleich der Änderung der Energie $\Delta E$ des Magnetfelds.

Im Raum um einen stromdurchflossenen Leiter wirken auf einen Magneten oder auf einen magnetisierbaren Körper Kräfte. Besonders stark ist das Magnetfeld, wenn der Leiter als Spule gewickelt ist und sich in der Spule ein Eisenkern befindet. Eine solche Anordnung bezeichnet man als **Elektromagnet.**

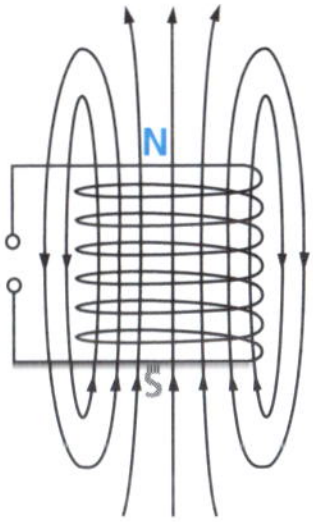

magnetisches Feld eines Elektromagneten

Die magnetische Feldstärke eines Elektromagneten ist abhängig von der Stromstärke sowie von der Windungszahl und der Länge der Spule.

# Elektromagnetische Induktion

## Induktionsgesetz

In einer Spule wird eine Spannung induziert, wenn sich das von ihr umfasste Magnetfeld ändert. Die **Induktionsspannung $U_i$** ist umso größer, je schneller und je stärker sich das von der Spule umfasste Magnetfeld ändert.
Die in der Spule induzierte Spannung ist umso größer, je größer die Windungszahl und je größer die Querschnittsfläche der Spule ist.

**Anordnungen zur Erzeugung von Induktionsspannungen**

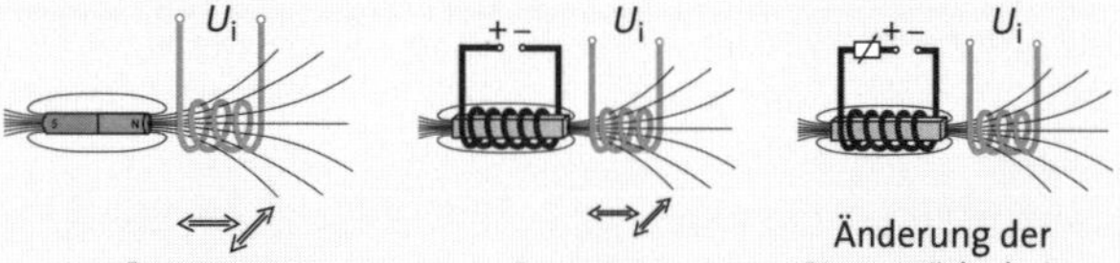


Bewegung | Bewegung | Änderung der Stromstärke beim Elektromagneten

Der hervorgerufene Induktionsstrom ist stets so gerichtet, dass er seiner Ursache entgegenwirkt **(lenzsches Gesetz).**

Das beim Einschalten eines Spulenstroms entstehende Magnetfeld induziert selbst eine Spannung und einen Strom **(Selbstinduktion).**

Die **Induktivität** einer Spule gibt an, welche Spannung bei einer Stromstärkenänderung induziert wird.

Formelzeichen: $L$
Einheit: 1 Henry (1 H)

$$1\,\mathrm{H} = 1\,\frac{\mathrm{V \cdot s}}{\mathrm{A}}$$

Berechnung der Induktivität einer langen Spule:

$$L = \mu_0 \cdot \mu_r \cdot N^2 \cdot \frac{A}{l}$$

$A$: Flächeninhalt des Spulenquerschnitts; $l$: Länge der Spule; $N$: Windungszahl; $\mu_r$: Permeabilitätszahl; $\mu_0$: magnetische Feldkonstante ($\mu_0 = 1{,}257 \cdot 10^{-6}\,\mathrm{V \cdot s/(A \cdot m)}$)

## Generator und Elektromotor

**Generatoren** dienen der Umwandlung von mechanischer in elektrische Energie durch elektromagnetische Induktion. Man unterscheidet **Gleich- und Wechselstromgeneratoren,** die als Innen- oder Außenpolmaschinen gebaut sein können.
Die meisten Wechselstromgeneratoren sind Innenpolmaschinen.

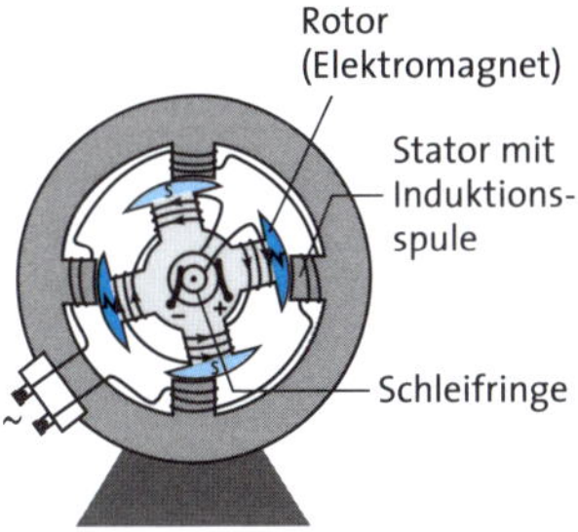


Im Innern des Stators rotiert ein Elektromagnet. Dieser Rotor ist über Schleifringe mit einer Gleichspannungsquelle verbunden. Beim Drehen wird im Stator eine Wechselspannung induziert.

**Elektromotoren** dienen der Umwandlung von elektrischer in mechanische Energie und dem Verrichten von mechanischer Arbeit. Durch die Kraft auf einen stromdurchflossenen Leiter im Magnetfeld wird eine Drehbewegung erzeugt. Diese Art der Energieumwandlung heißt **elektromotorisches Prinzip.**

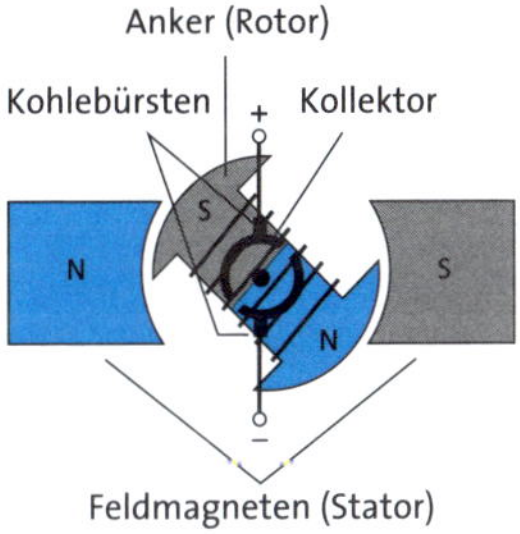


Beim Gleichstrommotor wird der drehbare Anker durch den Strom in seiner Spule magnetisiert. Dadurch treten Kräfte zwischen dem Anker und den feststehenden Feldmagneten auf.

## Transformator

Mithilfe von Transformatoren werden Wechselspannungen und Wechselströme verändert.
Die Wirkungsweise der Transformatoren beruht auf der elektromagnetischen Induktion.
Ein Transformator besteht aus zwei Spulen und einem geschlossenen Eisenkern. Eine Wechselspannung an der **Primärspule** sorgt für ein wechselndes Magnetfeld, das durch den Eisenkern zur **Sekundärspule** übertragen wird. In dieser wird eine Wechselspannung induziert.

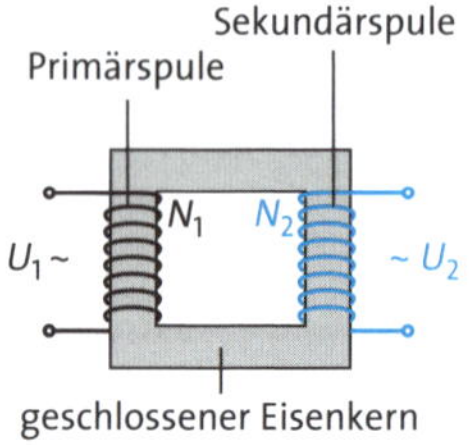


Beim unbelasteten Transformator ist kein Gerät an die Sekundärspule angeschlossen. Für den unbelasteten Transformator gilt:

$$\frac{U_1}{U_2} = \frac{N_1}{N_2}$$

Für einen stark belasteten Transformator (Verbraucher an der Sekundärspule) gilt:

$$\frac{I_1}{I_2} = \frac{N_2}{N_1}$$

Transformatoren werden angewendet, um hohe oder niedrige Spannungen zu erzeugen oder elektrische Geräte mit unterschiedlicher Betriebsspannung an das elektrische Netz anzuschließen.

Die von Generatoren erzeugte Wechselspannung wird zur Übertragung zunächst hoch- und beim Verbraucher heruntertransformiert.

Bei Klingelanlagen, Halogenlampen, Modellbahnen wird die Netzspannung verkleinert, beim Fernsehbildschirm vergrößert.

## Wechselstromkreis

Im Wechselstromkreis ändern **Spannung** und **Stromstärke** periodisch mit der Frequenz Betrag und Richtung.
Sinusförmige Wechselspannung hat nebenstehenden zeitlichen Verlauf.
Wechselspannung mit dem Effektivwert $U_{eff}$ ruft die gleiche Wirkung wie eine Gleichspannung mit gleichem Betrag hervor.

In Deutschland beträgt die Netzfrequenz 50 Hz. Bahnstrom hat eine Frequenz von 16 ⅔ Hz.

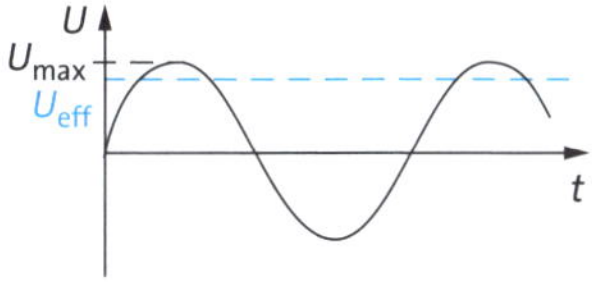


Der Effektivwert unserer Netzwechselspannung beträgt 230 V, der Maximalwert ist $\sqrt{2} \cdot 230 \text{ V} = 325 \text{ V}$.

## Bauelemente im Wechselstromkreis

**Ohmsche Widerstände** sind elektrische Bauelemente, für die das ohmsche Gesetz (↑ S. 64) gilt.

Ihr Widerstand ist im Wechselstromkreis genauso groß wie im Gleichstromkreis.

Der elektrische Widerstand einer **Spule** ist im Wechselstromkreis größer als im Gleichstromkreis. Ursache dafür ist die Selbstinduktion (↑ S. 70).

Im Wechselstromkreis ändert sich in der Spule periodisch das Magnetfeld. Dadurch entsteht ein dem ursprünglichen Strom entgegengerichteter Induktionsstrom.

Der **induktive Widerstand einer Spule** gibt an, wie groß ihr Widerstand im Wechselstromkreis ist. Die Spule enthält im Wechselstromwiderstand auch den ohmschen Widerstand des aufgewickelten Drahtes, der jedoch kleiner als der induktive Widerstand ist.

Formelzeichen: $X_L$
Einheit: 1 Ohm (1 Ω)
Berechnung: $X_L = 2\pi \cdot f \cdot L$

*f*: Frequenz des Wechselstromes
*L*: Induktivität der Spule

Im Gleichstromkreis unterbricht ein **Kondensator** den Strom wegen des Dielektrikums, einem Isolierstoff zwischen den Kondensatorplatten. Im Wechselstromkreis werden die Ladungen zwischen den Kondensatorplatten ständig hin und her bewegt. Es fließt ein Wechselstrom.

Der Widerstand des Kondensators im Gleichstromkreis ist unendlich groß. Im Wechselstromkreis hängt er von der Kondensatorkapazität ab.

Der **kapazitive Widerstand** eines Kondensators gibt an, wie groß sein Widerstand im Wechselstromkreis ist.

Formelzeichen: $X_C$
Einheit: 1 Ohm (1 Ω)
Berechnung:

$$X_C = \frac{1}{2\pi \cdot f \cdot C}$$

*f*: Frequenz des Wechselstromes
*C*: Kapazität des Kondensators

## Widerstände im Wechselstromkreis

| ohmsche Widerstände | Spulen | Kondensatoren |
|---|---|---|
| $R_= = R_\sim$<br>Ursache dafür ist die Wechselwirkung zwischen Elektronen und Metall-Ionen. | $R_= < R_\sim$<br>Ursache dafür ist die Selbstinduktion in Spulen. | $R_= \gg R_\sim$<br>Ursache dafür sind der Aufbau von Kondensatoren sowie Auf- und Entladevorgänge. |
| $R = \frac{U}{I}$ | $R_\sim = X_L \approx \frac{U}{I}$<br>(bei $R_= \ll R_\sim$) | $R_\sim = X_C = \frac{U}{I}$ |
| $R = \rho \cdot \frac{l}{A}$ | $X_L = 2\pi \cdot f \cdot L$ | $X_C = \frac{1}{2\pi \cdot f \cdot C}$ |
| Elektrische Energie der Quelle wird in thermische Energie umgewandelt. | Elektrische Energie der Quelle wird in Energie des Magnetfeldes der Spule umgewandelt und umgekehrt. | Elekrische Energie der Quelle wird in Energie des elektrischen Feldes im Kondensator umgewandelt und umgekehrt. |
| $E_{el} \rightarrow E_{therm}$ | $E_{el} \leftrightarrow E_{mag.Feld}$ | $E_{el} \leftrightarrow E_{el.Feld}$ |

4

# Elektromagnetische Schwingungen

Die zeitlich periodischen Änderungen des elektrischen Feldes in einem Kondensator und des magnetischen Feldes einer Spule sind elektromagnetische Schwingungen. Diese erzeugt man mit einem **geschlossenen Schwingkreis,** in dem Kondensator und Spule zusammengeschaltet sind.

Im Schwingkreis wird ständig Energie des elektrischen Feldes in Energie des magnetischen Feldes umgewandelt. Durch den Stromfluss in der Spule entsteht thermische Energie und die elektrische Energie im Schwingkreis nimmt in Form einer **gedämpften Schwingung** ab. Bei **ungedämpften Schwingungen** wird ständig so viel elektrische Energie zugeführt, wie in thermische Energie umgewandelt wird.

thomsonsche Schwingungsgleichung:

$$T = 2\pi \cdot \sqrt{L \cdot C}$$

$$f = \frac{1}{2\pi \cdot \; L \cdot C}$$

$L$: Induktivität der Spule im Schwingkreis
$C$: Kapazität des Kondensators im Schwingkreis

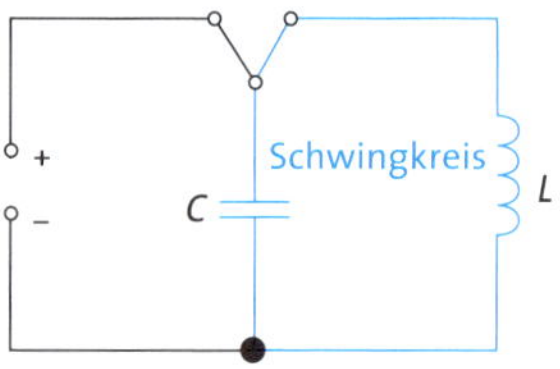


gedämpfte Schwingung:

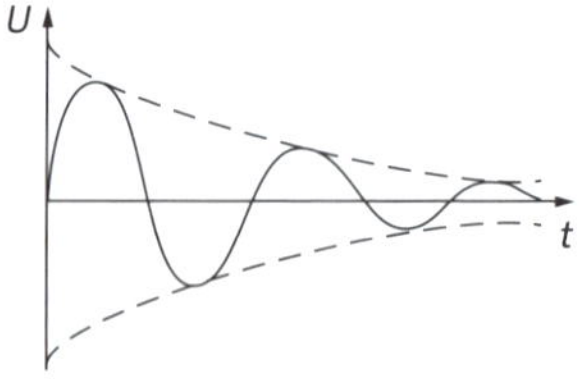


ungedämpfte Schwingung:

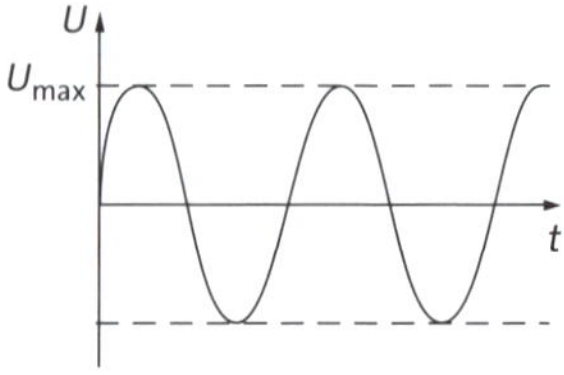

# Elektromagnetische Wellen

Einen **offenen Schwingkreis (Dipol)** erhält man durch Öffnen des Kondensators. Ein Dipol kann elektromagnetische Schwingungen hoher Frequenz erzeugen und als **elektromagnetische Wellen** in den Raum abstrahlen.

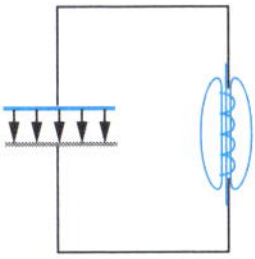

geschlossener Schwingkreis

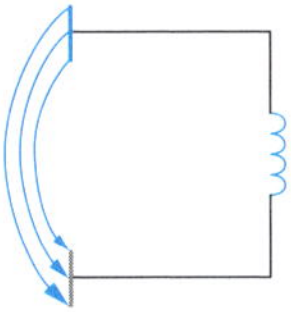

Öffnen des Schwingkreises

offener Schwingkreis

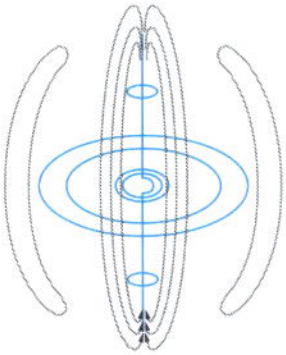

Abstrahlen elektromagnetischer Wellen

Eine elektromagnetische Welle ist die Ausbreitung von elektromagnetischen Schwingungen im Raum. Sie breitet sich mit Lichtgeschwindigkeit aus.

Ausbreitungsgeschwindigkeit elektromagnetischer Wellen: $c = f \cdot \lambda$

$f$: Frequenz der Welle

$\lambda$: Wellenlänge

Elektromagnetische Wellen besitzen ähnliche Eigenschaften wie mechanische Wellen (↑ S. 30). Sie können reflektiert, gebrochen, gebeugt werden und sich überlagern. Sie durchdringen Isolatoren und werden von Metallen abgeschirmt.

**Hertzsche Wellen** heißen elektromagnetische Wellen zur Übertragung von Sendungen des Rundfunks und des Fernsehens. Sie haben Wellenlängen zwischen 2 km (LW) und 4 dm (UHF).

# Elektrische Leitungsvorgänge

## Leitung in Metallen

Die frei beweglichen Ladungsträger in Metallen sind **Elektronen.** Im Metallgitter gibt jedes Atom Elektronen ab, die sich zwischen den Metall-Ionen frei bewegen können. Durch ein elektrisches Feld wirken Kräfte auf die Elektronen. Es kommt dadurch zu deren gerichteter Bewegung.

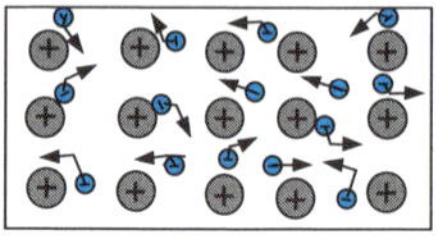

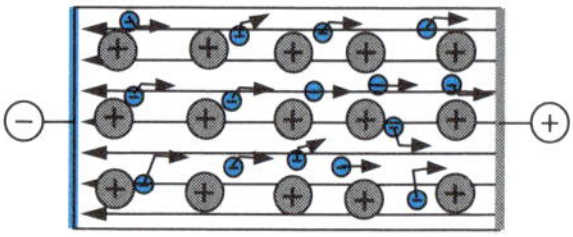

Die Elektronen stoßen mit den Metall-Ionen zusammen. Das führt zum elektrischen Widerstand. Bei hohen Temperaturen schwingen die Metall-Ionen im Gitter heftiger, wodurch es häufiger zu Zusammenstößen mit Elektronen und damit zu einem höheren Widerstand kommt.

Durch die Eigenerwärmung ist der Widerstand von Glühlampen im Betriebszustand höher als beim Einschalten.

## Leitung in Flüssigkeiten

Die frei beweglichen Ladungsträger in wässriger Lösung von Säuren, Basen oder Salzen sind **Ionen,** die durch Dissoziation entstehen. Im elektrischen Feld bewegen sich die positiv geladenen **Kationen** zum Minuspol **(Katode),** die negativ geladenen **Anionen** zum Pluspol **(Anode).** Dabei wird auch Stoff transportiert.

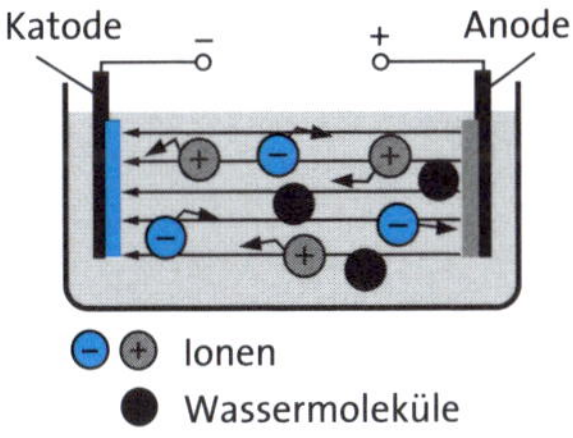


Leitende Flüssigkeiten bezeichnet man als **Elektrolyte** und den chemischen Vorgang beim Stromfluss als **Elektrolyse.**

## Leitung in Gasen

In Gasen befinden sich nur wenige freie Ladungsträger. Freie Ladungsträger lassen sich durch **Ionisation** erzeugen, indem mittels Energiezufuhr Elektronen aus den Gasmolekülen herausgelöst werden. Treffen im elektrischen Feld beschleunigte Elektronen auf Gasmoleküle, so werden weitere Elektronen frei **(Stoßionisation).**

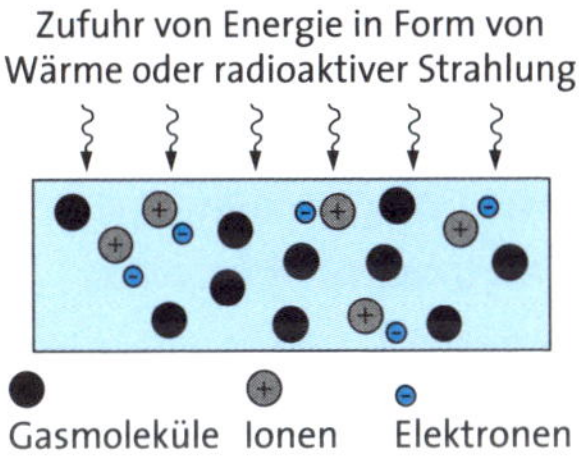


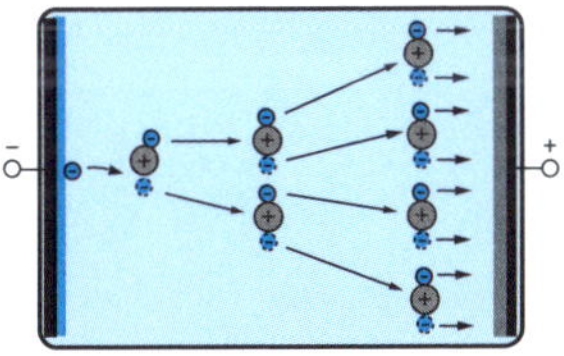

## Leitung im Vakuum

Die für den Leitungsvorgang im Vakuum notwendigen freien Ladungsträger kann man durch **Glühemission** oder durch **Fotoemission** erzeugen. Dabei werden aus der Katode durch Erwärmung oder Bestrahlung mit Licht Elektronen herausgelöst und im elektrischen Feld zur Anode bewegt.
Die Glühemission wurde früher bei Elektronenröhren in Radios, die Fotoemission wird bei Fotozellen angewendet.

Glühemission:

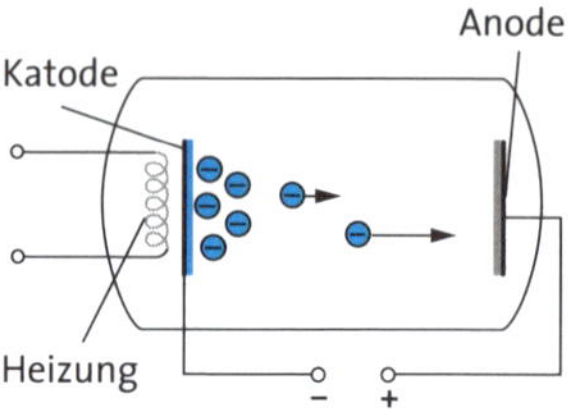


Fotoemission:

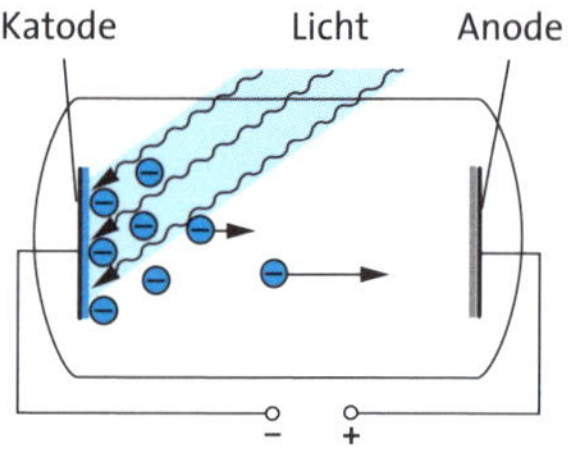


Eine wichtige Anwendung der Glühemission ist die **Elektronenstrahlröhre,** die sich in Fernsehgeräten befindet.

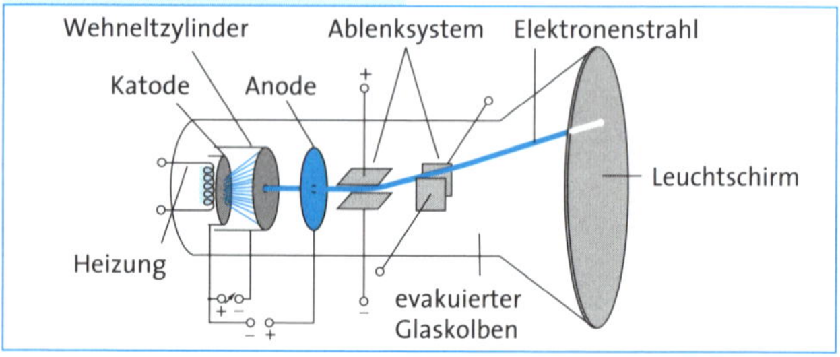

## Leitung in Halbleitern

Um ausreichend viele Ladungsträger in Halbleitern zur Verfügung zu haben, bringt man in die Kristalle Atome anderer Elemente (Fremdatome) ein. Diesen Vorgang nennt man **Dotierung.**

Reine Halbleiter sind Silizium, Germanium, Selen.

Durch die Dotierung entstehen im Halbleitergitter **Störstellen** mit freien Elektronen (**n-Leitung**) und Defektelektronen oder Löchern (**p-Leitung**).

**n-Halbleiter**

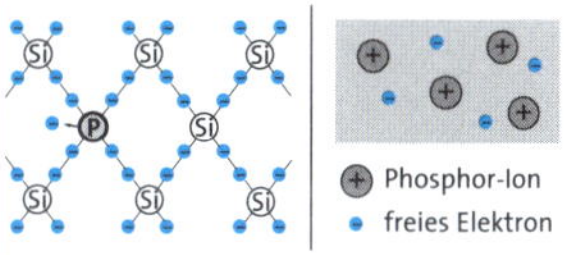


**p-Halbleiter**

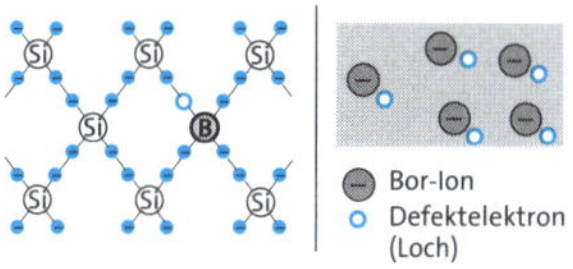


Der **Thermistor** ist ein Halbleiterbauelement, dessen elektrischer Widerstand stark von der Temperatur abhängt. Eine Art ist der **Heißleiter,** dessen Widerstand bei Erhöhung der Temperatur abnimmt.

Die Abhängigkeit des Widerstandes von der Temperatur bei Thermistoren wird zur Temperaturmessung genutzt.

Der **Fotowiderstand** ist ein Halbleiterbauelement, dessen elektrischer Widerstand von der Stärke des auffallenden Lichts (Beleuchtungsstärke) abhängig ist.

Fotowiderstände werden für Belichtungsmesser in Fotoapparaten verwendet.

## Halbleiterdiode

Die **Diode** ist ein Halbleiterbauelement, durch das der elektrische Strom nur in einer Richtung fließen kann. Sie wird zur **Gleichrichtung** von Wechselströmen verwendet.

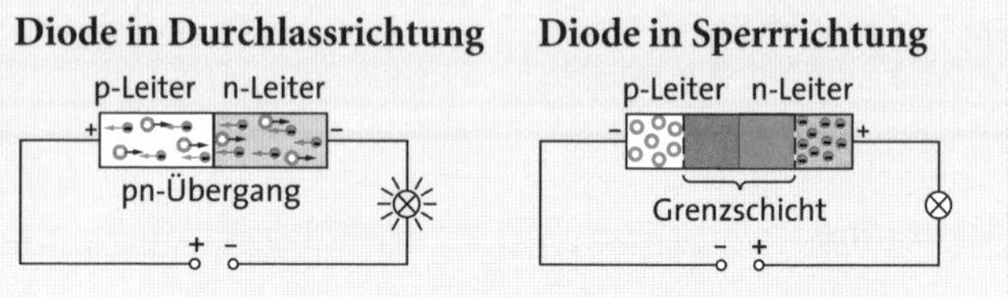


Die Diode besteht aus einem p-Leiter und einem n-Leiter. An deren Grenzschicht besteht ein **pn-Übergang.** Dort sind keine frei beweglichen Ladungsträger vorhanden. Werden der p-Leiter an den Pluspol und der n-Leiter an den Minuspol einer Spannungsquelle angelegt **(Durchlassrichtung),** so können die Ladungsträger die Grenzschicht überwinden und es fließt Strom. Bei umgekehrter Polung **(Sperrrichtung)** fließt kein Strom.

## Gleichrichter

Zur Gleichrichtung von Wechselstrom werden Dioden als **Einweg-** oder **Zweiweggleichrichter** geschaltet.

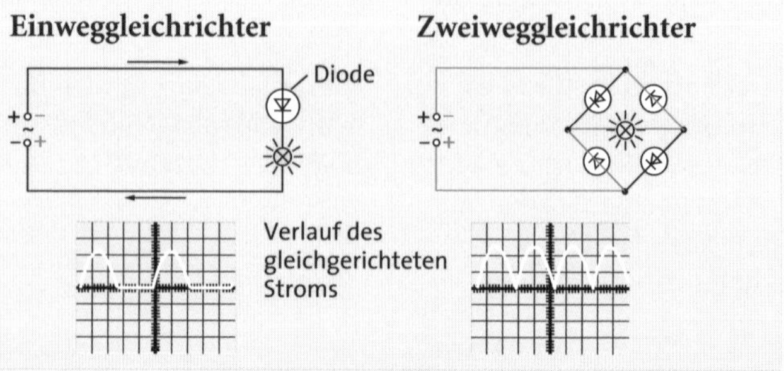

## Leucht- und Fotodiode

Wenn beim Stromfluss durch Dioden freie Elektronen wieder in das Gitter eingebaut werden, wird deren Energie frei. **Leuchtdioden** (LED) strahlen diese Energie als Licht aus.
Bei der **Fotodiode** und bei **Solarzellen** werden durch Lichteinstrahlung Elektronen in der Grenzschicht freigesetzt und es entsteht eine Spannung. Dadurch wird Lichtenergie in elektrische Energie umgewandelt.

## Transistor

Der **Transistor** ist ein Halbleiterbauelement aus drei Schichten mit jeweils einem Anschluss **(Emitter, Basis, Kollektor)** sowie zwei pn-Übergängen. Die elektrischen Widerstände in den pn-Übergängen und damit die Stromstärken im Transistor sind steuerbar.
Durch Anlegen einer Basis-Emitter-Spannung fließt ein Basisstrom. Elektronen gelangen durch die dünne Basisschicht in die Nähe des Kollektors, wodurch der pn-Übergang zwischen Basis und Kollektor elektrisch leitend wird. Es fließt ein Kollektorstrom.

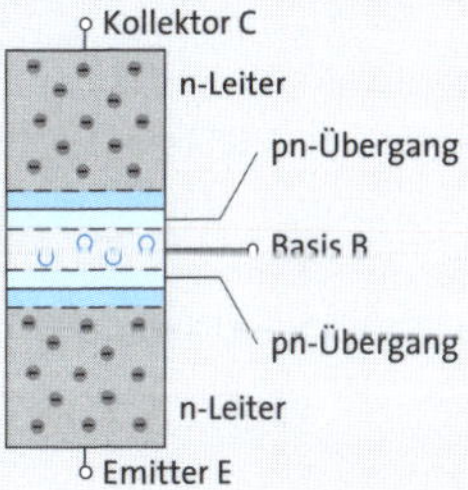


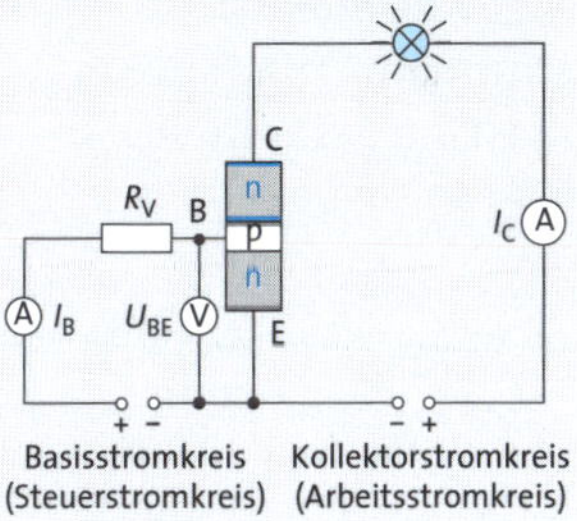


Transistoren werden als **Verstärker** verwendet. Durch eine kleine Änderung des Basisstroms wird eine große Änderung des Kollektorstroms erreicht.

# 5 Kernphysik

## Aufbau der Atome

Die Stoffe sind aus Atomen aufgebaut. Atome bestehen aus dem positiv geladenen **Atomkern** und der negativ geladenen **Atomhülle.**

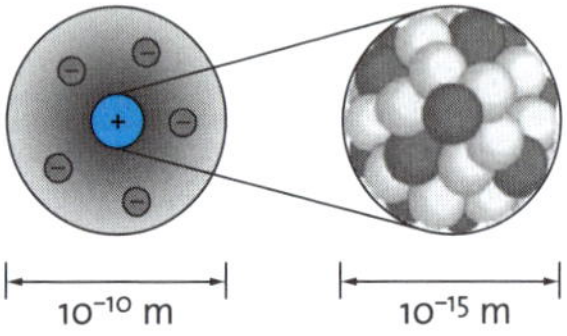


### Kern und Hülle

Der Atomkern ist aus positiv geladenen **Protonen** und neutralen **Neutronen** zusammengesetzt. Die Atomhülle besteht aus negativ geladenen **Elektronen.** Im Atomkern ist fast die gesamte Masse des Atoms vereinigt.

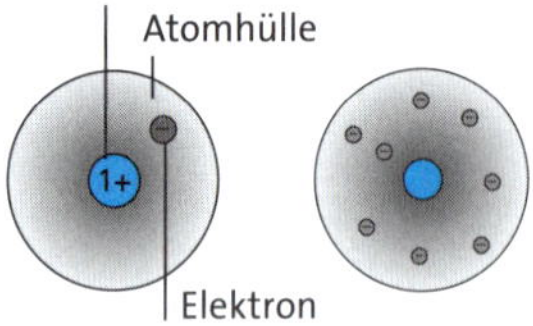


Ein Atom hat die gleiche Anzahl Protonen und Elektronen. Die Beträge der Ladung eines Protons und eines Elektrons sind gleich. Diese Ladung heißt **Elementarladung *e*.**

Masse des Protons:
$1{,}673 \cdot 10^{-27}$ kg
Masse des Elektrons:
$9{,}109 \cdot 10^{-31}$ kg
Elementarladung *e*:
$1{,}602 \cdot 10^{-19}$ C

## Ordnungs- und Massenzahl

Die Anzahl der Protonen des Atomkerns wird als **Ordnungszahl** bezeichnet. Sie charakterisiert die Stellung des Atoms im Periodensystem der Elemente und gibt an, wie viele Elementarladungen im Atomkern vereinigt sind.
Die Gesamtzahl der Protonen und Neutronen im Atomkern ergibt die **Massenzahl.**

Atomkerne werden in Symbolschreibweise wie folgt dargestellt:

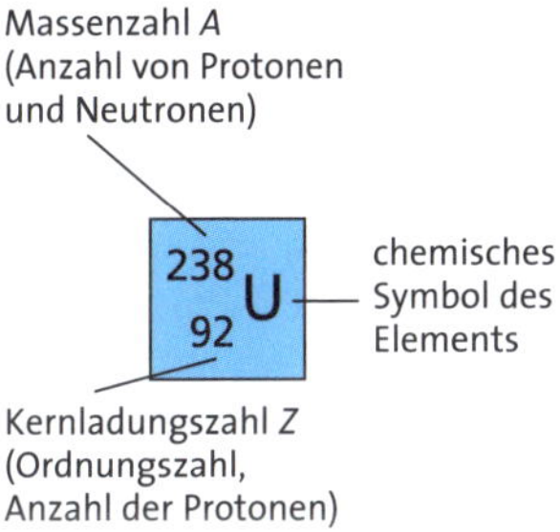


## Nuklide und Isotope

Vom gleichen Element existieren Atomkerne mit unterschiedlichen Neutronen-, also Massenzahlen. Die durch Protonenzahl und Massenzahl charakterisierten Atomkerne werden als **Nuklide** bezeichnet. Atomkerne des gleichen Elements mit unterschiedlicher Anzahl von Neutronen bezeichnet man als **Isotope.**

Wasserstoffisotope:

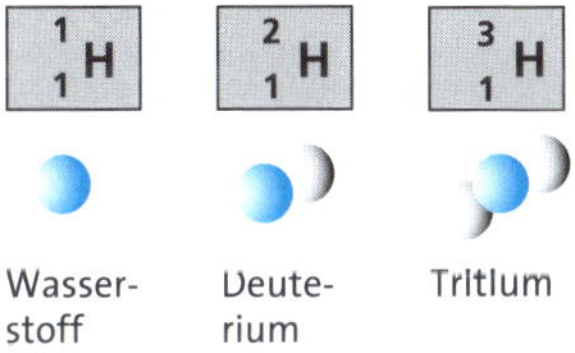


Wichtige Isotope des Urans sind:
Uran-238: $^{238}_{92}U$
Uran-235: $^{235}_{92}U$

# Kernumwandlungen

## Spontanzerfall

Eine Reihe von Atomkernen ist nicht stabil. Man nennt sie **radioaktive Nuklide.** Sie senden radioaktive Strahlen (↑ S. 88) aus und verändern sich dabei. Die spontane Umwandlung von Atomkernen bezeichnet man als **natürliche Radioaktivität.**

Radium-226 zerfällt unter Aussendung eines α-Teilchens (zweifach positiv geladener Atomkern des Heliums) in Radon-222, das seinerseits wieder zerfällt.

Die natürliche Radioaktivität hat zur Folge, dass wir stets einer schwachen radioaktiven Strahlung ausgesetzt sind.

Als **künstliche Radioaktivität** bezeichnet man die spontane Umwandlung künstlich erzeugter radioaktiver Nuklide.

Werden Atomkerne von Cobalt-59 mit Neutronen beschossen, so entsteht radioaktives Cobalt-60, das unter Aussendung eines β-Teilchens (Elektron) in Nickel-60 zerfällt.

## Kernspaltung

Bei der **Kernspaltung** werden unter Neutronenbeschuss schwere in leichtere Atomkerne zerlegt, wobei Energie freigesetzt wird. Genügend Atome und die richtige Geschwindigkeit können eine Kettenreaktion auslösen.

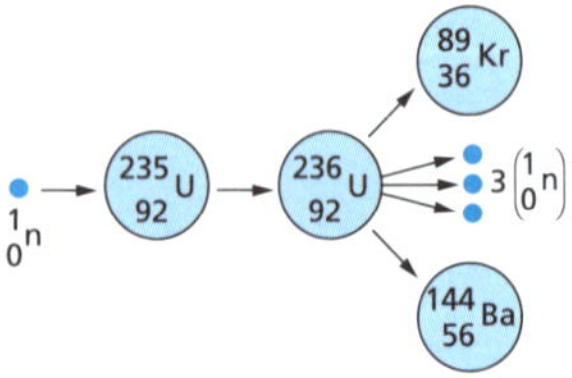


gesteuert: Kernreaktor
ungesteuert: Atombombe

# Kernkraftwerk

Kernkraftwerke dienen der Bereitstellung von elektrischer Energie. Diese wird durch gesteuerte Kernspaltung im **Kernreaktor** aus der Kernenergie des spaltbaren Materials (z. B. angereichertes Uran) gewonnen. Dabei entstehen radioaktive Nuklide als Spaltprodukte. Sie müssen als radioaktiver Abfall in einem Endlager aufbewahrt werden.

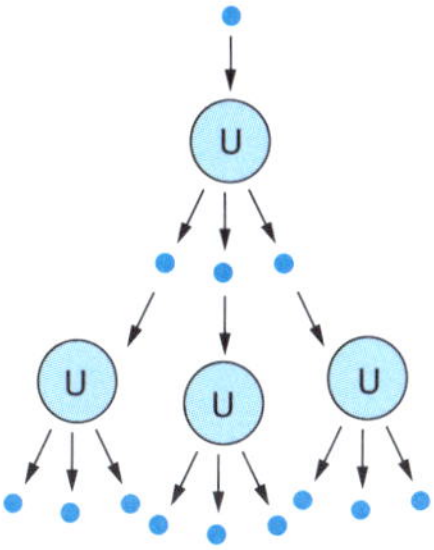


Bei der Spaltung von Urankernen werden Neutronen frei, die ihrerseits weitere Atomkerne spalten können, sofern genügend Uran (kritische Masse) vorhanden ist. Man spricht von einer **Kettenreaktion.**



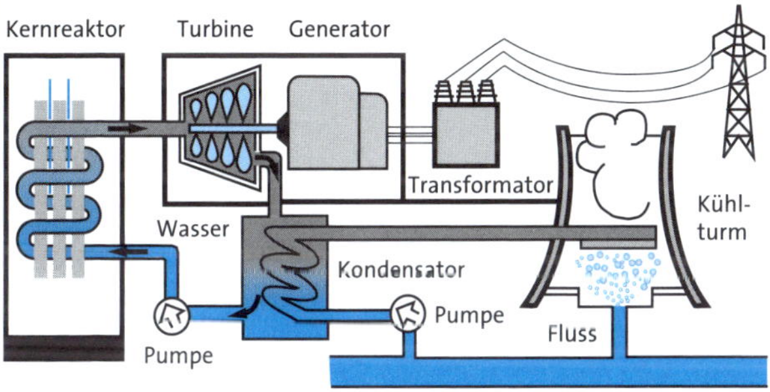


Kernenergie des Brennstoffs → thermische Energie des Dampfes → kinetische Energie von Turbine/Generator → elektrische Energie

Bei der Umwandlung von Atomkernen entsteht **radioaktive Strahlung.** Man unterscheidet drei Arten.

## Arten radioaktiver Strahlung

| $\alpha$-Strahlung | $\beta$-Strahlung | $\gamma$-Strahlung |
|---|---|---|
| 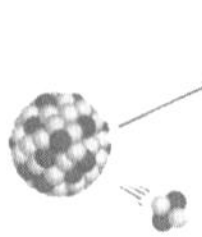  | 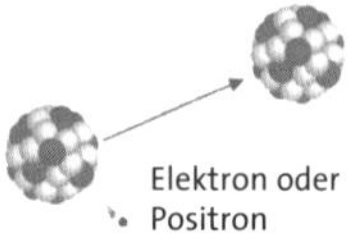  | 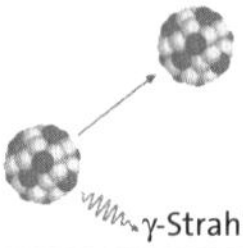  |
| Die Strahlung besteht aus doppelt positiv geladenen Heliumkernen ($\alpha$-Teilchen). | Die Strahlung besteht aus negativ geladenen Elektronen ($\beta^-$) oder positiv geladenen Positronen ($\beta^+$). | Die Strahlung ist eine sehr energiereiche elektromagnetische Strahlung kleiner Wellenlänge. |
| ${}^{226}_{88}Ra \rightarrow {}^{222}_{86}Rn + {}^{4}_{2}\alpha$ | ${}^{214}_{82}Pb \rightarrow {}^{214}_{83}Bi + {}^{0}_{-1}e$<br>${}^{30}_{15}P \rightarrow {}^{30}_{14}Si + {}^{0}_{+1}e$ | ${}^{208}_{82}Pb \rightarrow {}^{208}_{82}Pb + \gamma$ |

## Eigenschaften radioaktiver Strahlen

Radioaktive Strahlen übertragen Energie. Sie können Gase ionisieren, Filme schwärzen, biologische Zellen verändern. Radioaktive Strahlen vermögen Stoffe zu durchdringen. Das Durchdringungsvermögen hängt von der Art der Strahlung und dem Stoff ab.

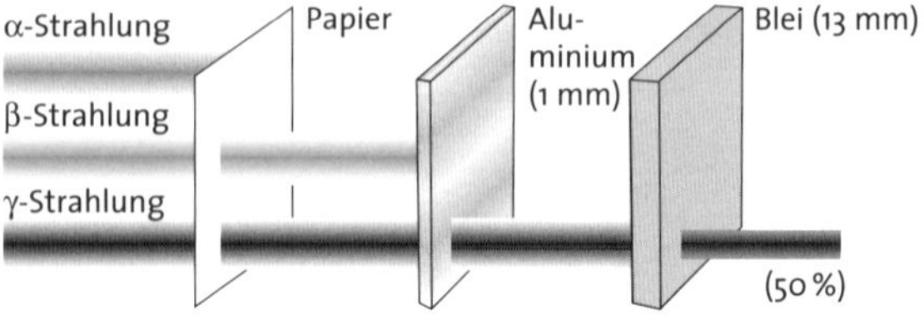

## Biologische Wirkung radioaktiver Strahlen

Die biologische Wirkung hängt von der Art der radioaktiven Strahlen und den Körperteilen ab, die bestrahlt werden. Radioaktive Strahlen können biologische Zellen verändern und genetische Schäden herbeiführen. Bei zu hoher Dosierung kann der Tod die Folge sein. Dort, wo mit radioaktiven Strahlen gearbeitet wird, trifft man Vorsorge und kontrolliert die Strahlendosis.

## Strahlenbelastung

Wir sind einer ständigen natürlichen Strahlenbelastung durch die radioaktive Strahlung der Erde, die kosmische Strahlung, die Strahlung aufgenommener Stoffe (Atmung, Ernährung) ausgesetzt. Aber auch Kernkraftwerke, Bildschirme, Röntgenapparate senden radioaktive Strahlen aus. In Deutschland ist die durchschnittliche Strahlenbelastung wie folgt verteilt:

| | |
|---|---|
| natürliche Radioaktivität | 10 % |
| kosmische Strahlung | 8 % |
| Nahrung/Luft | 43 % |
| medizinische Untersuchungen | 38 % |
| Fernsehbildschirm/Computer | 0,7 % |
| Kernkraftwerke/Kernwaffentests | 0,3 % |

## Radioaktive Altersbestimmung

Beim radioaktiven Zerfall verringert sich der Anteil des radioaktiven Nuklids in einer Probe ständig. Die Zerfallsprodukte reichern sich hingegen an. Durch Bestimmung der Anteile lässt sich z. B. das Alter bestimmter archäologischer Funde schätzen.

# 6 Energie

## Energie in Natur und Technik

**Energie** ist die Fähigkeit eines Körpers, mechanische Arbeit zu verrichten, Wärme abzugeben oder Licht auszustrahlen.

Formelzeichen: $E$
Einheit: 1 Joule (J)

1 Newtonmeter ($1\ N \cdot m = 1\ J$)
1 Wattsekunde ($1\ W \cdot s = 1\ J$)

Vielfache der Einheit:
1 kJ = 1 000 J
1 MJ = 1 000 000 J

### Energiequellen

Körper, die Energie besitzen, nennt man **Energiequellen** oder auch **Energieträger.**

gespannte Feder · strömendes Wasser · Benzin · Erdgas · warmes Wasser · helle Glühlampe

**Primärenergieträger** kommen in der Natur unmittelbar vor und sind meist Quellen für nutzbringende Energie.

Erdgas · Erdöl · Wind · Gezeiten · Sonnenlicht · strömendes Wasser

### Energieumwandlung

**Primärenergie** wird in Nutzenergie *umgewandelt.*

Erdgas (Primärenergieträger) wird zur Wärmegewinnung genutzt.

| Potenzielle Energie ($E_{pot}$) | Kinetische Energie ($E_{kin}$) |
|---|---|
| Körper können aufgrund ihrer Lage mechanische Arbeit verrichten. | Körper können aufgrund ihrer Bewegung mechanische Arbeit verrichten |
| Springer auf dem Sprungturm, Last am Kran | fahrendes Auto, fliegender Ball, Läuferin |

| Thermische Energie ($E_{therm}$) | Chemische Energie ($E_{ch}$) |
|---|---|
| Körper können aufgrund ihrer Temperatur Wärme abgeben oder Licht aussenden. | Körper können bei chemischen Reaktionen Wärme abgeben, Arbeit verrichten oder Licht aussenden. |
| glühender Draht, Heizkörper, menschlicher Körper | Verbrennen von Holz und anderen Stoffen |

| Elektrische Energie ($E_{el}$) | Magnetische Energie ($E_{mag}$) |
|---|---|
| Körper können aufgrund elektrischer Vorgänge Arbeit verrichten, Wärme abgeben oder Licht aussenden. | Körper können aufgrund ihrer magnetischen Eigenschaften Arbeit verrichten. |
| geladene Gewitterwolken (Blitz), Batterie | Lasthebemagnet, Magnetkopf, Erdmagnetfeld |

| Lichtenergie ($E_{Licht}$) | Kernenergie ($E_{Kern}$) |
|---|---|
| Licht transportiert als elektromagnetische Welle Energie. | Durch Spaltung und Fusion von Atomkernen wird Kernenergie frei. |
| Solarzelle, Fotosynthese der Pflanzen, Sonnenofen | Kernkraftwerk, Kernfusion in der Sonne |

## Energieumwandlung

Häufig wird Primärenergie zunächst in **Sekundärenergie** umgewandelt. Diese ist leichter zu transportieren, zu lagern und umzuwandeln.

Träger von Sekundärenergie: Heizöl · Briketts · Benzin · Wasserdampf · elektrischer Strom

## Energieübertragung

Bei physikalischen, chemischen, biologischen Vorgängen kann Energie von einer Energieform in eine oder mehrere andere Energieformen umgewandelt werden.
Energie kann von einem auf einen anderen Körper übertragen werden.

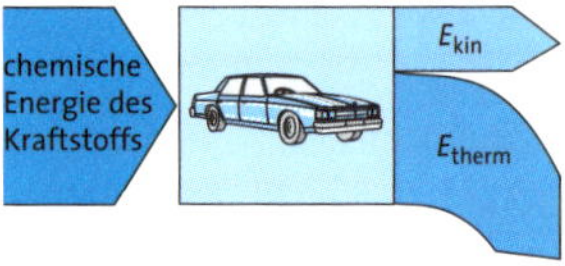


Energieumwandlung beim Auto

**Gesetz von der Erhaltung der Energie (Energieerhaltungssatz):**
Wenn Energie übertragen und umgewandelt wird, ändert sich die Gesamtenergie nicht. Energie kann weder erzeugt noch vernichtet werden. Sie wird nur von einer in eine andere Form umgewandelt.

$E_1 + E_2 + E_3 \ldots = \text{konstant}$
$E_1, E_2, E_3 \ldots$ verschiedene Energieformen

Erhaltung der mechanischen Energie (↑ S. 27)
1. Hauptsatz der Wärmelehre (↑ S. 40)

## Energieentwertung

Vorgänge, bei denen Energie umgewandelt wird, laufen von allein nur in eine Richtung ab. Wertvolle elektrische, mechanische oder chemische Energie wird in thermische Energie umgewandelt. Sie wird als Wärme an die Umgebung abgegeben und ist nicht weiter nutzbar.
Obwohl Energie erhalten bleibt, nimmt ihre Nutzbarkeit für den Menschen ab. Die Energie wird entwertet.

Eine leuchtende Glühlampe gibt Wärme an die Umgebung ab.
Beim Bremsen eines Autos wird mechanische Energie in thermische umgewandelt. Die Bremsen geben Wärme an die Umgebung ab.

Wärme geht nicht von selbst von einem Körper niedriger Temperatur auf einen Körper höherer Temperatur über.

## Erneuerbare Energiequellen

Der Energiebedarf der Menschen steigt. Die Reserven an fossilen Energieträgern (Kohle, Erdöl, Erdgas) sind begrenzt.
Deshalb müssen verstärkt erneuerbare Energieträger genutzt werden, die umweltfreundlich und im Prinzip unbegrenzt verfügbar sind.

*Sonne*
- Solarzelle (elektrische Energie)
- Kollektor (thermische Energie)

*Wasserkraft*
- Wasserkraftwerk (elektrische Energie)

*Wind*
- Windkraftwerk (elektrische Energie)

*Umweltwärme*
- Wärmepumpe (thermische Energie)

# Testfragen

Hier kannst du testen, wie gut du den Schulstoff beherrschst. Zu jeder Frage gibt es genau *eine* richtige Antwort. Wenn du unsicher bist oder mehr wissen möchtest, zeigen dir die Seitenverweise am Rand, wo du ausführliche Informationen findest. Die Lösungen stehen auf Seite 109.

## Mechanik

↑ S. 4 **1** Was beschreibt eine physikalische Größe?

- ☐ a) Ein physikalisches Problem.
- ☐ b) Eine messbare Eigenschaft eines Objekts.
- ☐ c) Einen mathematischen Sachverhalt.

↑ S. 8 **2** In welcher Einheit gibt man die Durchschnittsgeschwindigkeit eines Reisebusses an?

- ☐ a) m/s
- ☐ b) km/h
- ☐ c) kmh

↑ S. 5 **3** Wie wirken die Anziehungskräfte in festen Stoffen im Vergleich zu gasförmigen Stoffen?

- ☐ a) Stark.
- ☐ b) Gering.
- ☐ c) Gleich.

↑ S. 15 **4** Wovon hängt die Höhe der Gewichtskraft eines Körpers ab?

- ☐ a) Von seiner chemischen Zusammensetzung.
- ☐ b) Von seinem Aggregatzustand.
- ☐ c) Von seiner Masse.

5 Wie lautet die goldene Regel der Mechanik? ↑S. 18

☐ a) Kraft sparen heißt Weg verkürzen.

☐ b) Kraft sparen heißt Weg verlängern.

☐ c) Kraft kann nie gespart werden.

6 Bewegung beschreibt die ... ↑S. 7

☐ a) Schnelligkeit eines Körpers.

☐ b) Orts- oder Lageänderung eines Körpers.

☐ c) Formbeständigkeit eines Körpers.

7 Was bezeichnet der Aggregatzustand? ↑S. 5

☐ a) Den Siedepunkt eines Stoffs.

☐ b) Die Zustandsform eines Stoffs.

☐ c) Die elektrische Ladung eines Stoffs.

8 Wie lautet das Formelzeichen für die Fallbeschleunigung? ↑S. 11

☐ a) G

☐ b) g

☐ c) a

9 Bei einer gleichförmig geradlinigen Bewegung zeigt das Weg-Zeit-Diagramm eine ... ↑S. 9

☐ a) Parabel.

☐ b) Hyperbel.

☐ c) Gerade.

10 Welche Größe ist bei einer gleichmäßig beschleunigten Bewegung konstant? ↑S. 10

☐ a) Die Geschwindigkeit.

☐ b) Die Beschleunigung.

☐ c) Der Weg.

11 Was für eine spezielle Größe ist die Beschleunigung? ↑S. 8

☐ a) Eine vektorielle Größe.

☐ b) Eine optische Größe.

☐ c) Eine Größe zur Angabe des Bremswegs.

↑S. 12 **12** In welcher Einheit gibt man die Stärke einer Krafteinwirkung an?

- ☐ a) Force.
- ☐ b) Watt.
- ☐ c) Newton.

↑S. 20 **13** Mit welchem Messgerät wird der Druck von eingeschlossenen Flüssigkeiten und Gasen ermittelt?

- ☐ a) Mit einem Nanometer.
- ☐ b) Mit einem Barometer.
- ☐ c) Mit einem Manometer.

↑S. 14 **14** Was ergibt sich, wenn auf einen Körper verschiedene Kräfte einwirken?

- ☐ a) Die Kräftesumme.
- ☐ b) Die resultierende Kraft.
- ☐ c) Die endgültige Kraft.

↑S. 18 **15** Unter welchem Stichwort sind Hebel, geneigte Ebene und Rollen für die Mechanik bekannt?

- ☐ a) Sie sind kraftumformende Einrichtungen.
- ☐ b) Sie sind Modelle zur Energieberechnung.
- ☐ c) Sie sind Bewegungsmodelle.

↑S. 15 **16** Die gegenseitige Anziehung zweier Körper aufgrund ihrer Massen bezeichnet man als ...

- ☐ a) Beziehungskraft.
- ☐ b) Massenkräfte.
- ☐ c) Gravitationskraft.

↑S. 6 **17** Welche Formel wendet man zur Berechnung der Dichte $\rho$ eines Stoffs an?

- ☐ a) $\rho = \frac{m}{V}$
- ☐ b) $\rho = m \cdot V$
- ☐ c) $\rho = m + V$

**18** Wie lautet das Formelzeichen für die Reibungszahl? ↑ S. 17

☐ **a)** R

☐ **b)** $\varphi$

☐ **c)** $\mu$

**19** Wirken Kräfte in entgegengesetzter Richtung auf einen Körper, dann ist die resultierende Kraft … ↑ S. 14

☐ **a)** die Summe beider Kräfte.

☐ **b)** die Differenz beider Kräfte.

☐ **c)** das Produkt beider Kräfte.

**20** Womit bestimmt man die Masse eines Körpers? ↑ S. 6

☐ **a)** Mit einem Kraftmesser.

☐ **b)** Mit einem Lineal.

☐ **c)** Mit einer Waage.

**21** Die Schere ist ein Beispiel der Kraftumformung durch … ↑ S. 18

☐ **a)** eine geneigte Ebene.

☐ **b)** einen zweiseitigen Hebel.

☐ **c)** einen Flaschenzug.

**22** Das Trägheitsgesetz und das Wechselwirkungsgesetz gehören zu den … ↑ S. 13

☐ **a)** hookeschen Gesetzen.

☐ **b)** keplerschen Gesetzen.

☐ **c)** newtonschen Gesetzen.

**23** Wovon hängt der Schweredruck einer Flüssigkeit ab? ↑ S. 21

☐ **a)** Von der Höhe und Dichte der Flüssigkeit.

☐ **b)** Von der Form des Gefäßes.

☐ **c)** Vom Außendruck.

**24** Wie heißt das Messgerät zur Bestimmung des Luftdrucks in der Atmosphäre? ↑ S. 22

☐ **a)** Barometer.

☐ **b)** Thermometer.

☐ **c)** Zyklometer.

↑S. 22 **25** Wie ist der Luftdruck auf Bergen im Vergleich zum Luftdruck auf Meereshöheniveau?
- ☐ a) Gleich groß.
- ☐ b) Höher.
- ☐ c) Geringer.

↑S. 31 **26** Geht eine Welle in einen anderen Stoff über, dann ...
- ☐ a) gilt das Reflexionsgesetz.
- ☐ b) gilt das Ausbreitungsgesetz.
- ☐ c) gilt das Brechungsgesetz.

↑S. 24 **27** Was kann das Ergebnis einer mechanischen Arbeit sein?
- ☐ a) Bewegung oder Verformung eines Körpers.
- ☐ b) Änderung der Masse eines Körpers.
- ☐ c) Erzeugung von Energie.

↑S. 28 **28** Wie gibt man den Wirkungsgrad $\eta$ an?
- ☐ a) In Prozent.
- ☐ b) In Watt.
- ☐ c) In Leistungsgrad.

↑S. 25 **29** Was ist eine Art mechanischer Arbeit?
- ☐ a) Lohnarbeit.
- ☐ b) Reibungsarbeit.
- ☐ c) Ladungsarbeit.

↑S. 30 **30** Was wird bei einer Welle transportiert?
- ☐ a) Nur Energie.
- ☐ b) Energie und Stoffe.
- ☐ c) Nur Stoffe.

↑S. 27 **31** Stimmt die Aussage uneingeschränkt? *Die Summe aus potenzieller und kinetischer Energie ist konstant.*
- ☐ a) Ja.
- ☐ b) Nur für den Bereich mechanischer Energie.
- ☐ c) Nur im Vakuum.

**32** Wie nennt man die Energie der Lage noch? ↑ S. 26
- ☐ **a)** Potenzielle Energie.
- ☐ **b)** Kinetische Energie.
- ☐ **c)** Partielle Energie.

**33** Wie lautet das Formelzeichen für die mechanische Arbeit? ↑ S. 24
- ☐ **a)** W
- ☐ **b)** A
- ☐ **c)** J

**34** Welche Schwingung führt das Pendel einer Standuhr aus? ↑ S. 29
- ☐ **a)** Eine gedämpfte Schwingung.
- ☐ **b)** Eine harmonische Schwingung.
- ☐ **c)** Eine unharmonische Schwingung.

**35** In welcher Einheit gibt man die Leistung an? ↑ S. 25
- ☐ **a)** Joule.
- ☐ **b)** Newton.
- ☐ **c)** Watt.

**36** Welches Gesetz lautet: *Die Auftriebskraft ist gleich der Gewichtskraft der verdrängten Flüssigkeit?* ↑ S. 23
- ☐ **a)** Das hydraulische Gesetz.
- ☐ **b)** Das archimedische Gesetz.
- ☐ **c)** Das Luft-Wasser-Druck-Gesetz.

## Optik und Wärmelehre

**37** Was passiert, wenn Licht auf ein Umkehrprisma fällt? ↑ S. 45
- ☐ **a)** Eine einfache Totalreflexion.
- ☐ **b)** Eine zweifache Totalreflexion.
- ☐ **c)** Eine dreifache Totalreflexion.

**38** In welche Richtung findet Wärmeübertragung statt? ↑ S. 33
- ☐ **a)** Von Kalt zu Warm.
- ☐ **b)** Von Warm zu Kalt.

↑S. 39 **39** Wie wird Wärme bei der Wärmeströmung übertragen?
- ☐ a) Durch Flüssigkeiten und/oder Gase.
- ☐ b) Durch elektrische Heizspiralen.
- ☐ c) Durch Brennstoffe.

↑S. 35 **40** Wie gibt man an, dass man mit Größen rechnet, die sich ändern oder verändert haben?
- ☐ a) Durch ein tiefergestelltes Änd.
- ☐ b) Durch ein vorangestelltes $\Delta$.
- ☐ c) Gar nicht.

↑S. 36 **41** Was kann passieren, wenn einem festen Stoff Wärme zugeführt wird?
- ☐ a) Er kann schmelzen.
- ☐ b) Er kann erstarren.
- ☐ c) Er kann kondensieren.

↑S. 47 **42** Was gilt für Original und Spiegelbild am ebenen Spiegel?
- ☐ a) Das Original ist größer.
- ☐ b) Original und Bild sind gleich groß.
- ☐ c) Das Bild ist größer.

↑S. 38 **43** Wie nennt man in der Praxis Maßnahmen zur Verringerung der Wärmeübertragung?
- ☐ a) Wärmebremsen.
- ☐ b) Kälteschutzschild.
- ☐ c) Wärmedämmung.

↑S. 34 **44** Der Heizwert eines Brennstoffs gibt dessen ...
- ☐ a) Energieausschöpfung an.
- ☐ b) Brenndauer an.
- ☐ c) freiwerdende Wärme an.

↑S. 43 **45** Wo ist die Lichtgeschwindigkeit am höchsten?
- ☐ a) In der Luft.
- ☐ b) Im Vakuum.
- ☐ c) Im Wasser.

**46** Kann Wärme von allein von einem kälteren auf einen wärmeren Körper übergehen? ↑ S. 40

☐ **a)** Niemals.
☐ **b)** Ja.
☐ **c)** Manchmal.

**47** Wie bezeichnet man das von einer Lichtquelle ausgehende Licht? ↑ S. 42

☐ **a)** Lichtschein.
☐ **b)** Lichtbündel.
☐ **c)** Leuchtbündel.

**48** Stimmt die Aussage *Einfallswinkel = Ausfallswinkel* bei einer Lichtreflexion uneingeschränkt? ↑ S. 44

☐ **a)** Ja.
☐ **b)** Nein.

**49** Welche Temperatureinheit gibt es nicht? ↑ S. 32

☐ **a)** Grad Celsius.
☐ **b)** Grad Fahrenheit.
☐ **c)** Grad Thermo.

**50** Eine Weihnachtsbaumkugel ist ein Beispiel für ... ↑ S. 46

☐ **a)** einen parabolischen Hohlspiegel.
☐ **b)** einen kugelförmigen Hohlspiegel.
☐ **c)** einen kugelförmigen Wölbspiegel.

**51** Wie nennt man das Linsensystem eines Fotoapparats? ↑ S. 52

☐ **a)** Kondensator.
☐ **b)** Objektiv.
☐ **c)** Okular.

**52** Was bedeutet *sublimieren?* ↑ S. 37

☐ **a)** Feste Stoffe werden flüssig.
☐ **b)** Feste Stoffe werden gasförmig.
☐ **c)** Feste Stoffe bleiben fest.

↑ S. 48 **53** Welchen Effekt nutzt man bei einem Kosmetikspiegel?
- ☐ a) Pickel werden vergrößert dargestellt.
- ☐ b) Pickel werden verdeckt.
- ☐ c) Pickel werden verkleinert.

↑ S. 55 **54** Welche Welleneigenschaft trifft für Schallwellen <u>und</u> Lichtwellen zu?
- ☐ a) Beide werden reflektiert oder gebrochen.
- ☐ b) Beide breiten sich im Vakuum aus.
- ☐ c) Beide sind mechanische Wellen.

↑ S. 49 **55** Wie heißen Zerstreuungslinsen noch?
- ☐ a) Konvexlinsen.
- ☐ b) Konkavlinsen.
- ☐ c) Focuslinsen.

↑ S. 51 **56** An einer Sammellinse entsteht innerhalb der einfachen Brennweite ein ...
- ☐ a) vergrößertes, aufrechtes Bild.
- ☐ b) verkleinertes, umgekehrtes Bild.
- ☐ c) vergrößertes, umgekehrtes Bild.

↑ S. 46 **57** Was bedeutet das lateinische Wort *focus?*
- ☐ a) Brennpunkt.
- ☐ b) Lichtschacht.
- ☐ c) Reflexionspunkt.

↑ S. 53 **58** Wo befindet sich beim Blick durch ein Fernrohr der betrachtete Gegenstand?
- ☐ a) Innerhalb der einfachen Brennweite.
- ☐ b) Innerhalb der doppelten Brennweite.
- ☐ c) Außerhalb der doppelten Brennweite.

↑ S. 57 **59** Wie bezeichnet man die Zerlegung des Lichts in Farben?
- ☐ a) Interferenz.
- ☐ b) Dispersion.
- ☐ c) Spektrum.

60 Welche optischen Linsen verwendet man zur Korrektur einer Kurzsichtigkeit? ↑ S. 54

- ☐ a) Sammellinsen.
- ☐ b) Zerstreuungslinsen.
- ☐ c) Kondensorlinsen.

61 Wie bezeichnet man optische Linsen, die paralleles Licht durch Brechung im Brennpunkt sammeln? ↑ S. 49

- ☐ a) Zerstreuungslinsen.
- ☐ b) Rote Linsen.
- ☐ c) Sammellinsen.

62 In welche Richtung breitet sich Licht nach einem Hindernis (z. B. Spalt, Kante) aus? ↑ S. 56

- ☐ a) Gar nicht, es wird reflektiert.
- ☐ b) Als Parallelstrahl nach vorn.
- ☐ c) In alle Richtungen.

## Energie und Elektrizität

63 Warum braucht man zum Betrieb von Halogenlampen Transformatoren? ↑ S. 72

- ☐ a) Zur Erhöhung der Netzspannung.
- ☐ b) Zur Verkleinerung der Netzspannung.
- ☐ c) Um den Gleichstrom zu garantieren.

64 Was weisen positiv geladene Körper auf? ↑ S. 58

- ☐ a) Einen Elektronenüberschuss.
- ☐ b) Einen Elektronenmangel.
- ☐ c) Ein elektrisches Gleichgewicht.

65 Wie bezeichnet man die gerichtete Bewegung von Elektronen? ↑ S. 59

- ☐ a) Elektrischer Strom.
- ☐ b) Elektronenfluss.
- ☐ c) Spannungsfeld.

↑S. 60 **66** Mit welchem Gerät wird die elektrische Stromstärke gemessen?
- ☐ a) Mit dem Voltmeter.
- ☐ b) Mit dem Amperemeter.
- ☐ c) Mit dem Ohmmeter.

↑S. 79 **67** Wie können Gase leitfähig gemacht werden?
- ☐ a) Durch Druck.
- ☐ b) Durch Ionisation.
- ☐ c) Gar nicht.

↑S. 62 **68** Stimmt es, dass man den elektrischen Widerstand sowohl berechnen als auch messen kann?
- ☐ a) Ja.
- ☐ b) Nein.
- ☐ c) Nur im Gleichstromkreis.

↑S. 63 **69** Wie hoch ist die ungefähre elektrische Leistung eines Blitzes?
- ☐ a) 10 Millionen W.
- ☐ b) 10 Milliarden W.
- ☐ c) 10 Billionen W.

↑S. 77 **70** Was stimmt? Elektromagnetische Wellen ...
- ☐ a) durchdringen Metalle.
- ☐ b) durchdringen Isolatoren.
- ☐ c) werden von Isolatoren abgeschirmt.

↑S. 66 **71** Was entsteht im Raum um eine elektrische Ladung?
- ☐ a) Ein magnetisches Feld.
- ☐ b) Ein Lichtfeld.
- ☐ c) Ein elektrisches Feld.

↑S. 68 **72** Welche Aussage stimmt? Dauermagnete ziehen Körper ...
- ☐ a) aus Eisen, Nickel oder Kobalt an.
- ☐ b) aus Aluminium, Eisen oder Nickel an.
- ☐ c) aus Zink, Aluminium oder Eisen an.

73 Wie nennt man das Bauelement in einem Stromkreis, das elektrische Ladung speichern kann? ↑ S. 67

- ☐ a) Dipol.
- ☐ b) Kondensator.
- ☐ c) Spannungsspeicher.

74 Wie stellt man magnetische Felder grafisch dar? ↑ S. 69

- ☐ a) Durch Diagramme.
- ☐ b) Durch Funktionsgraphen.
- ☐ c) Durch Feldlinienbilder.

75 Wie erhöht man die induzierte Spannung einer Spule? ↑ S. 70

- ☐ a) Durch eine niedrigere Windungszahl.
- ☐ b) Durch einen dickeren Kabeldurchmesser.
- ☐ c) Durch eine höhere Windungszahl.

76 Was wandelt ein Generator um? ↑ S. 71

- ☐ a) Elektrische in mechanische Energie.
- ☐ b) Elektrische in chemische Energie.
- ☐ c) Mechanische in elektrische Energie.

77 Welche Teilchen tragen die elektrische Ladung in der Atomhülle? ↑ S. 58

- ☐ a) Die Protonen.
- ☐ b) Die Elektronen.
- ☐ c) Die Neutronen.

78 Wie lautet das ohmsche Gesetz als Formel? ↑ S. 64

- ☐ a) $U/I = \text{konstant}$
- ☐ b) $U \cdot I = \text{konstant}$
- ☐ c) $U + I = \text{konstant}$

79 Wie lautet die Einheit für den elektrischen Widerstand? ↑ S. 61

- ☐ a) $\partial$
- ☐ b) Pts
- ☐ c) $\Omega$

↑S. 73 **80** In welchem Stromkreis ist der elektrische Widerstand einer Spule größer?
- ☐ a) Im Gleichstromkreis.
- ☐ b) Im Wechselstromkreis.
- ☐ c) Er ist immer gleich.

↑S. 82 **81** Diode, Gleichrichter und Transistor sind ...
- ☐ a) Halbleiterbauelemente.
- ☐ b) Messgeräte.

↑S. 75 **82** Welches Bauteil kann im Wechselstromkreis als Widerstand eingesetzt werden?
- ☐ a) Stromleitungen.
- ☐ b) Spule.
- ☐ c) Generator.

↑S. 81 **83** Wovon ist der elektrische Widerstand eines Fotowiderstands abhängig?
- ☐ a) Von der Stärke des auffallenden Lichts.
- ☐ b) Von der Höhe der Umgebungstemperatur.
- ☐ c) Vom Leitungsquerschnitt.

↑S. 78 **84** Welche Teilchen dienen in Metallen als Ladungsträger für elektrische Leitvorgänge?
- ☐ a) Positive Kationen.
- ☐ b) Negative Anionen.
- ☐ c) Frei bewegliche Elektronen.

↑S. 74 **85** Wie groß ist der Widerstand eines Kondensators im Gleichstromkreis?
- ☐ a) Unendlich groß.
- ☐ b) Null.
- ☐ c) Das hängt von der Kabellänge ab.

↑S. 84 **86** Wie ist der Atomkern eines Atoms geladen?
- ☐ a) Positiv.
- ☐ b) Negativ.

**87** In welche Richtung bewegen sich Kationen bei Leitungsvorgängen in Flüssigkeiten? ↑ S. 79

- ☐ a) Zur Katode.
- ☐ b) Zur Anode.
- ☐ c) Zum Pluspol.

**88** Durch welchen Vorgang erzeugt man Ladungsträger für Leitungsvorgänge im Vakuum? ↑ S. 80

- ☐ a) Durch Stoßionisation.
- ☐ b) Durch Dotierung.
- ☐ c) Durch Foto- oder Glühemission.

**89** Was erzeugt man, wenn man eine Spule und einen Kondensator in einem Stromkreis zusammenschaltet? ↑ S. 76

- ☐ a) Elektrischen Strom.
- ☐ b) Einen Kurzschluss.
- ☐ c) Elektromagnetische Schwingungen.

**90** Was passiert mit einem Thermistor (Halbleiter) bei Erhöhung der Temperatur? ↑ S. 81

- ☐ a) Sein Widerstand bleibt unverändert.
- ☐ b) Sein Widerstand nimmt zu.
- ☐ c) Sein Widerstand nimmt ab.

**91** Welche Energie wird bei der Entladung von Gewitterwolken in erster Linie frei? ↑ S. 91

- ☐ a) Kernenergie.
- ☐ b) Chemische Energie.
- ☐ c) Elektrische Energie.

**92** Atomkerne des gleichen Elements mit unterschiedlicher Neutronenanzahl bezeichnet man als ... ↑ S. 85

- ☐ a) Isotope.
- ☐ b) Nuklide.
- ☐ c) Uranide.

↑S. 86 **93** Ein radioaktives Nuklid mit natürlicher Radioaktivität ...
- ☐ a) ist Cobalt-60.
- ☐ b) ist Radium-226.
- ☐ c) ist Sauerstoff-16.

↑S. 92 **94** Welche Aussage ist falsch?
- ☐ a) Energie geht niemals verloren.
- ☐ b) Energie kann umgewandelt werden.
- ☐ c) Die Gesamtenergie nimmt mit der Zeit ab.

↑S. 88 **95** Welche radioaktiven Strahlen durchdringen sowohl Papier als auch Aluminium und Blei?
- ☐ a) $\alpha$-Strahlen.
- ☐ b) $\beta$-Strahlen.
- ☐ c) $\gamma$-Strahlen.

↑S. 89 **96** Wie hoch ist der Anteil der natürlichen Radioaktivität an der Strahlenbelastung im Alltag?
- ☐ a) 10 Prozent.
- ☐ b) 0,5 Prozent.
- ☐ c) 43 Prozent.

↑S. 90 **97** Wie nennt man Körper oder Stoffe, die Energie besitzen?
- ☐ a) Energieträger.
- ☐ b) Energiepakete.
- ☐ c) Energiebündel.

↑S. 84 **98** Was stimmt bei jedem Atom stets überein?
- ☐ a) Elektronen- und Neutronenanzahl.
- ☐ b) Protonen- und Neutronenanzahl.
- ☐ c) Protonen- und Elektronenanzahl.

↑S. 87 **99** Wie nennt man die radioaktiven Nuklide, die bei der Nutzung von Kernenergie entstehen?
- ☐ a) Radioaktiver Abfall.
- ☐ b) Sekundäre Brennstoffe.
- ☐ c) Kernschrott.

# Lösungen

## Mechanik

| | |
|---|---|
| 1 b) | 19 b) |
| 2 b) | 20 c) |
| 3 a) | 21 b) |
| 4 c) | 22 c) |
| 5 b) | 23 a) |
| 6 b) | 24 a) |
| 7 b) | 25 c) |
| 8 b) | 26 c) |
| 9 c) | 27 a) |
| 10 b) | 28 a) |
| 11 a) | 29 b) |
| 12 c) | 30 a) |
| 13 c) | 31 b) |
| 14 b) | 32 a) |
| 15 a) | 33 a) |
| 16 c) | 34 b) |
| 17 a) | 35 c) |
| 18 c) | 36 b) |

## Optik und Wärmelehre

| | |
|---|---|
| 37 b) | 50 c) |
| 38 b) | 51 b) |
| 39 a) | 52 b) |
| 40 b) | 53 a) |
| 41 a) | 54 a) |
| 42 b) | 55 b) |
| 43 c) | 56 a) |
| 44 c) | 57 a) |
| 45 b) | 58 c) |
| 46 a) | 59 b) |
| 47 b) | 60 b) |
| 48 a) | 61 c) |
| 49 c) | 62 c) |

## Energie und Elektrizität

| | |
|---|---|
| 63 b) | 82 b) |
| 64 b) | 83 a) |
| 65 a) | 84 c) |
| 66 b) | 85 a) |
| 67 b) | 86 a) |
| 68 a) | 87 a) |
| 69 c) | 88 c) |
| 70 b) | 89 c) |
| 71 c) | 90 c) |
| 72 a) | 91 c) |
| 73 b) | 92 a) |
| 74 c) | 93 b) |
| 75 c) | 94 c) |
| 76 c) | 95 c) |
| 77 b) | 96 a) |
| 78 a) | 97 a) |
| 79 c) | 98 c) |
| 80 b) | 99 a) |
| 81 a) | |

**Bibliografische Information der Deutschen Nationalbibliothek**
Die Deutsche Nationalbibliothek verzeichnet diese Publikation in der Deutschen Nationalbibliografie; detaillierte bibliografische Daten sind im Internet über http://dnb.d-nb.de abrufbar.



**4., aktualisierte Auflage**


Bibliographisches Institut GmbH, Mecklenburgische Straße 53, 14197 Berlin

*Redaktionelle Leitung* Heike Krüger-Beer
*Redaktion* Marion Krause
*Autoren* Dr. Horst Bienioscheck, Marion Krause

*Herstellung* Ursula Fürst
*Typografisches Konzept* Horst Bachmann
*Illustrator* Peter Lohse, Büttelborn
*Umschlaggestaltung* Michael Acker
*Satz* Robert Turzer, CH-3995 Ernen
*Druck und Bindung* fgb – freiburger graphische betriebe GmbH & Co. KG
Bebelstraße 11, 79108 Freiburg i. Br.
Printed in Germany

ISBN 978-3-411-72534-2
Auch als E-Book erhältlich unter: ISBN 978-3-411-90838-7
www.duden.de

## Stichwortfinder


**A**
Aggregatzustand **5, 36 f.**
Arbeit
– mechanische **24 f.**
– elektrische **63**
Archimedisches Gesetz **23**
Atom **84 f.**
Auftrieb **23**
Auge **54**

**B**
Beschleunigung **8**
Beugung **56**
Bewegung **7 ff.**
– beschleunigte **10**
– gleichförmige **9**
Bildentstehung **51**
– an Spiegeln **47 f.**
– an Linsen **49 ff.**
Brechungsgesetz **31, 44 f.**

**D**
Dichte **6**
Dispersion **57**
Drehmoment **18**
Druck **20 ff.**
Druckkraft **16**

**E**
Ebene, geneigte **19**
Elektromotor **71**
Elementarladung **58, 84**
Energie **26 f., 33, 63, 90 ff.**
– elektrische **63**
– potenzielle **26**
– kinetische **26**
– thermische **33**
Energieformen **26, 91**

**F**
Fallbeschleunigung **11**
Feld **66 ff., 69 ff.**
– elektrisches **66 ff.**
– magnetisches **68 ff.**
Fernrohr **53**
Fotoapparat **52**
freier Fall **11**

**G**
Generator **71**
Geschwindigkeit **7**
Gesetz von der Erhaltung der Energie **27, 92**
Gewichtskraft **15, 23**
Gravitationskraft **15**

**H**
Halbleiter **81 ff.**
Hebelgesetz **18**
hookesches Gesetz **12**
hydraulische Anlagen **21**

**I**
Induktionsgesetz **70**
Interferenz **56**
Isotop **85**

**K**
Kapazität **68**
Kernspaltung **86 f.**
Kondensator **67 f., 74 f.**
Kraft **12 ff.**
Kreisbewegung **9**

**L**
Ladung, elektrische **58**
Leistung **25, 34, 63**